MODERN ANALYTICS METHODOLOGIES

Driving Business Value with Analytics

大数据时代的商业分析

[美] 米歇尔·钱伯斯 托马斯·W.丁斯莫尔◎著
Michele Chambers Thomas W.Dinsmore
李嫒嫒◎译

中国人民大学出版社
·北 京·

译者序

“大数据”时代已经到来。数据分析业内知名专家撰写了大量经典论著，本书是分析法宝库中的重要成果之一。本书由美国专家米歇尔·钱伯斯与托马斯·W. 丁斯莫尔联合创作。米歇尔·钱伯斯曾任多家知名数据分析公司重要职位，现任 MemSQL 公司营销副总裁；托马斯·W. 丁斯莫尔也曾在数据分析公司中担任重要职务，现任 Revolution Analytics 公司产品管理总监。多年来，两位分析专家积累了大量丰富的实战经验。

本书内容分三大部分，共十三章。第一部分包括前三章，主要围绕构建分析路径图的必要性和重要性展开讨论，逐步阐明现代企业构建分析路径图意义重大。第二部分包括第四章到第十章，作者以较多笔墨从分析方法论助力企业实现发展战略入手，论述了通过八个步骤来构建分析路径图，介绍了分析方法的应用、实例剖析、预测分析法及终端用户分析，最后对分析平台进行了详尽说明。第三部分包括后三章的内容，围绕分析路径图的实施与执行展开，主要谈及如何吸引分析人才和组建分析团队的相关内容。

作者列举了翔实的分析用例，图文并茂，将自己的实践经验和感悟真实完整地再现给读者，为读者呈现出一幅系统、流畅的现代分析路径画卷，指引数据分析供给者和需求者大胆尝试，勇于改革创新。

译者被这些逻辑缜密、敏捷灵活的“思想火花”深深折服，深感责任重大，在翻译过程中字斟句酌，不敢有丝毫懈怠，恐有负于广大读者和才华横溢的作者。鉴于译者自身能力的局限，文中表达不当之处，望读者见谅，也恳请各位品评后提出修改意见和建议。

最后，感谢爱人和女儿在我翻译此书期间给予的无微不至的关怀、理解、支持和帮助。

李媛媛

于内蒙古工业大学

前言

信息时代，掌握信息就掌控未来。我的职业生涯致力于数据分析技术的开发和市场推广。我曾任职的 Netezza 公司是世界上第一家推出数据仓库设备的公司。在担任该公司总经理期间，我与米歇尔·钱伯斯和托马斯·丁斯莫尔非常愉快地合作共事，并有机会与世界各地的商业人士谋面，倾听他们在信息分析方面的真知灼见。最为重要的是，我发现他们对于如何最好地利用新分析技术挖掘和利用数据，迫切需要实践性指导。分析技术日新月异，最优分析方法不断推陈出新，使得企业的分析工作面临着巨大挑战。分析主管获知新技术的主动性，是决定企业能否把握最前沿分析能力的关键。米歇尔和托马斯洞悉市场，深知充分利用最复杂分析技术会为企业带来什么，他们的经验极具借鉴价值。将现代商业分析方法及时呈现给广大读者，没有人比他们更适合了。

我们周围的世界正在变得泛数字化，数字设备可选范围在不断扩大——电脑、手机、交互式网络电视、智能家居、联网型家电、智能医院、智能公用设备等交织在一起，将人类带入一个数字爆炸时代。当面对这些数字化产品时，原有分析技术表现出许多不足。所幸，分析技术正在加速变革以适应数字化时代。现代数据平台十分丰富，令人眼花缭乱，大数据、NoSQL 数据库、大规模并行处理数据库、内存数据库、流媒体/复杂交易处理引擎，这些平台完全有能力捕捉世界任何地方的每一个数据。

但是，我们必须着重指出的一点是，从海量数据中获得分析结果，不仅要有新技术，也要有新方法。分析领域并不存在分析架构通则，也没有放之四海而皆准的分析方法。企业应遵循如下原则：基于企业自身商业实践过程和组织结构，量身定制有效的数据分析技术和方法。只有把数据分析与商业目标紧密联系起来，才能够有效传递商业价值。所以针对每个难题的分析方法都是独特的，而每家企业的成功也将是唯一的。本书中，米歇尔和托马斯的论述引人入胜、发人深省。他们呈现给读者的成功企业案例，是他们利用分析方法应对各种商业挑战的亲身经历，是我们求索成功路径的无价之宝。

随着时间的推移，在攀登学习曲线过程中，人们利用数据分析来取得成功的能力不断提升。而且，我看到的情况都表明，攀登这条曲线最快的人将是胜利者。这些赢家是世界上最受欢迎、薪酬最高的专业人士。他们的努力得到了回报。本书中，米歇尔和托马斯提供了有效路线图，来帮助你快速掌握并充分利用最新分析技术。

米歇尔和托马斯在本书中分享的技术与最佳实践，都经过了各类公司的严格检验，这些公司都面临着不同的商业挑战。因此，他们能揭示什么有效、什么无效。这些真实经验对于发现分析专家会面临什么挑战，以及评估解决方案的有效性而言，是行之有效的标准。对于渴望成功的人而言，本书就是一幅已经过实战检验的蓝图。

布拉德·特瑞尔（Brad Terrell）

IBM 数据仓库与大数据平台前副总裁兼总经理

致谢

完成一本著作工程浩大，完成这样一本技术论著更使工作量倍增。承担这个项目，完全出于我们对研究工作的热爱，并将受到的启发和知识价值回馈他人。分析领域知识更新变化快，因此一本技术著作永远不可能包罗万象，但我们的工作已近尾声。

一路走来，与合作思想领袖们共享独有的快乐。实力派专家，感谢你们的大力支持和付出的宝贵时间。

感谢你们的付出：

Sujha Balaji（费城大学）

George Matthew（Alteryx大数据分析公司）

Greta Roberts（Talent Analytics 公司）

Les Sztandera（费城大学）

感谢你们的经验分享：

Thomas Baeck，Ph. D.（Divis Intelligent Solutions 公司）

Brandy Baxter（Alteryx 大数据分析公司）

Michael Forhez（CSC 公司）

Bob Gabruk（Cognizant 公司）

Rayid Ghani（EdgeFlip 公司 & 芝加哥大学）

Kevin Kostuik（Charlotte Software 公司）

Doug Laney（Gartner 公司）

Bob Muenchen（r4stats. org）

Tess Nesbitt，Ph. D. （DataSong 公司）

Karl Rexer（Rexer Analytics 公司）

Greta Roberts（Talent Analytics 公司）

George Roumeliotis（Intuit 公司）

感谢你们的支持：

感谢 Jeffrey Brown 和 Accen ture 与我们的共鸣。

感谢 Bill Jacobs，Lee Edlefson，Neera Talbert，Rick Kittler 及 Derek McCrae Norton 宝贵的反馈意见和审核。

目录

01

第一部分

企业为什么需要独特的分析路径图？

WHY YOU NEED A UNIQUE ANALYTICS ROADMAP

第一章

现代分析原理

以往，企业组织实施分析项目是非常简单的，只要从供应商处购得分析软件，安装后运行数据分析就可以。如果软件需要升级，便从供应商那里买更高版本软件即可。分析行业越来越受到专家们的青睐，这些专家使用同样的分析技术，通常这些技术是他们在学校所学到的。他们依然以为通过一个数据库，就可以掌控所有有价值的信息。

回想当年轻松的商业节奏，是何等悠闲自在：完成一个预测模型，需要花费两年时间。稍近的时候，一家大银行每年组织四次活动来推广其信用卡业务。那时，这家银行的高管们认为这就是成就。

好吧，向昨天说再见吧！数字媒介时代已到来，Web 2.0、移动通讯、云技术、大数据，新鲜事物层出不穷，令人眼花缭乱。数据量、数据传输速率和数据类型的开发正不断取得新进展。企业也在逐步摒弃单一数据库理念，因为持有这种落后理念的企业无法在激烈的市场竞争中取得优势。必须坚持多样性原则，拥有多种数据资源和数据平台，挖掘无处不在的数据：企业内部、第三方管理的数据库或者云端数据。

数字化发展的前景将彻底改变分析领域的未来：新的商业问题，新的应用软件，新的实用案例，新的技术工具，以及新的数据平台。过去，分析软件由一家供应商掌控；而如今，列入 Crunchbase 数据库的分析软件创业公司就有 851 家。Crunchbase 是提供创业信息资源的领先数据库。开源软件在继续蚕食整个软件世界，The Garner Group 公司最新推出四款高级分析魔力象限软件，其中两款是开源项目。调查显示，受访分析师中偏爱开源软件的人数是偏爱流行商用软件的两倍。

重要的是，数据时代的商业节奏以指数级倍增。过去，我们一年经营四项业务活动；现在，我们一小时实施四项业务活动。企业再也无法接受花费两年时间去建模预测，如果这样的话，只能面临破产。

单个供应商专有的分析体系架构，不能再给企业带来傲人业绩。企业在多种多样的商业和开源工具基础上，通过开放标准紧密将其联系在一起，构建开放分析平台。面对全新商业世界，每家企业必须通过构建独特的分析体系和路径图，来帮助辨析现代企业的复杂性和商业战略。单个供应商已无法满足企业所有需求，分析体系架构中必定包括许多供应商和开源项目。

本书基于九项核心原则，提出建议与方法：

- 传递商业价值和影响——构建和持续改进分析方法，以创造更多商业价值；
- 关注最后一公里——发展生产领域的分析方法，以获得持续稳定的商业价值；
- 借鉴持续改善的理念——从细微入手逐步构建成功；
- 加快学习和执行——加速执行、学习、调整和循环；
- 创新分析方法——开发新方法，创造新成果；
- 嵌入式分析方法——将分析方法应用于业务流程之中；
- 建立现代分析构架——利用商用硬件和先进技术降低成本；
- 构筑人力资源基础——培育人才和最大化人才储备；
- 充分利用消费需求——扩展选择空间，不断改革创新。

下面，我们来探讨每项原则。这些原则是构建现代分析方法的前提和基础。

传递商业价值和影响

后续章节中，我们将介绍如何构建独特的分析路径图，以及项目如何优先排序问题。现在，我们只讲现代分析方法的原则之一——关注企业因为改变规则而产生的潜在新价值。我们肩负企业价值增值使命，首先必须全面了解企业现状，设定初始可测的企业发展目标和持续发展目标。例如，当期收入 1 亿美元，复合年均增长率为 4%；初始目标是实现 15%的新增收入率，并保持每年 10%的新增收入率。

虽然这些标准容易被确定和测度，但是有些标准却难以度量。如果深入发掘这些可度量标准，便能发现和识别企业重要的业务决策点。我们从测度这些决策点对企业造成的间接影响着手，便可以再构建对企业产生直接影响的度量标准。过去有些企业非常关注收入指标，而有些企业则对经营成本指标非常关注，很少有二者兼顾的企业。当今成熟的数据分析机构既重视收入指标，也重视成本指标。因此，它们常常在资产负债表两侧建立度量标准。这清楚表明：收入增长，只能建立在有效成本之上。

任何打破思维禁锢的企业，都非常容易识别潜在的分析机会。虽然长久以来企业中存在大量积存已久、根深蒂固的难题，而且这些难题被大多数企业视为无法改变的约束条件，但是，今天这些无法解决的难题和旧障碍已不复存在。企业打破发展瓶颈，就会创造巨大的商业价值；企业摆脱旧的发展理念的束缚，通过创新型数据与技术驱动的方法，就能够解决难题。我们运用头脑风暴，设想解决现存问题所需的全部资源。此轮头脑风暴后，分析团队需要围绕如何得到解决现存问题所需资源，认真进行下一轮头脑风暴。此外，分析团队还需要识别新的潜在资源，诸如数据、利益相关合作伙伴或有效分析技术，而不应当简单地使用案例或反例来估量一个解决方案。

通过在生产领域应用分析方法，可以帮助你认识初始商业价值以及持续商业价值。运用分析方法之前，必须确保分析模型的正确性。通常情况下，分析模型是在有限的数据子集“沙箱”中运行。所谓的“沙箱”，是一个人造的非生产环境。十分普遍的情况是，分析模型在“沙箱”环境中能满足甚至超过商业标准，但在实际生产环境中显然表现不佳。要确保在一个接近现实的环境中评估分析模型，而不是在一个理想化的环境中。在将分析模型投入现实环境中评价实际效果之前，有必要将分析模型嵌入复制化的生产环境中，全面测试模型效果。一旦所有潜在的技术运行壁垒都被发现，且分析模型已经被证明合法或通过程序验证，我们就可以将模型应用到生产环境中。模型运行以后，通过评价其产生的商业影响，可以发现持续改进的捷径。

关注最后一公里

目前，极少数企业能够非常成功地将分析方法应用于生产环境，从而增加全新商业价值。为了实现这一终极目标，我们应将此目标牢记心中，从目标着手开始工作。通过与一线员工交流与沟通，全面了解企业从战略层到执行层，各部门长期积累的问题，这样，分析专家就会清醒地意识到这些问题、困难及阻碍企业成功的约束条件。他们清晰地知晓凭借什么能够取得成功。这样的洞察能力，将有助于你的企业通过分析来设定量化的宏伟目标。例如：

- 想要获得的商业价值是什么？

提升3%的年收入？

库存每年节省1 000万美元？

在应用分析模型的第一年总共节约1亿美元？

- 企业期望的服务水平协议（SLA）是怎样的？

每天能否重新评估信用等级？

5分钟内能否完成档案评鉴？

- 运营分析模型是怎样的？

如何将这种模型应用于生产领域？

此分析模型需要与其他业务系统融为一体吗？如果需要，如何改变操作流程和决策？

是否有国际化规范或者本土化要求？

模型更新的频率？

- 衡量商业影响的关键因素是什么？

如何衡量成功？

如何定义失败？

团队必须在多长时间内取得成功？

- 关于模型精度呢？

模型精度是否够好，足以实现即时商业价值？

在什么阶段应对模型进行多大程度改进？

通常，一个团队由金融专家、统计学专家、数据分析专家构成，负责建模；另一团队，主要是信息技术方面的专家，负责生产领域的模型应用。大量工作必须跨部门开展，导致建模和模型应用或应用和评分工作之间出现长期滞后、脱节的问题。即便这两组分工存在差异，整个分析团队也必须齐心协力、通力合作。全生命周期分析法有助于两个团队间相互协调、达成一致，促进分析工作不仅致力于创造和评估初始分析模型，更要围绕实际生产任务和持续评估分析模型，最终实现企业目标。

分析团队必须重视运用现代分析方法来快速揭晓和呈现分析结果，而不是一味地等待构建“完美”的分析模型。最初，可以通过概念验证或者尝试性的原始模型开始分析。虽然这样的分析范围比较有限，但仍可以帮助企业实现商业价值的提升。随着分析工作的不断推进，分析团体很快就能将概念验证和尝试性技术更切实际地应用到生产领域，获得持续的、源源不断的回报。

借鉴持续改善的理念

持续改善（Kaizen），也就是持续改进生产制造的系列活动。这一理念正被更多不同的学科领域所采纳，包括分析学。

持续改善的核心内容包括：

- 从小处着手；
- 消除过度复杂的工作；
- 通过实验来识别不必要的浪费，并消除浪费。

持续改善强调迅速传递和创造价值，而非仅仅完成经营活动。通过不断试验和学习获得微小进步，积少成多向最终目标迈进。

这种理念明显区别于时下的主流分析发展趋势。目前，分析领域倾向于耗费很长开发周期去构建“完美”模型。因为分析项目跨多个职能部门，建模和模型应用工作千头万绪。但在这个崭新的时代，现代分析团队必须摆脱象牙塔学术桎梏，精简传统分析步骤，缩短项目周期。将商业反馈融入分析过程，有利于增加模型灵活性和响应性，进一步完善分析结果。

以持续改善作为指导原则，现代分析团队迅速构建和应用分析模型，然后在短期内进行优化和完善。同时，将分析工作与 IT 相结合，创建一个无缝对接、不断传递商业价值的分析环境。事实上，分析团队经常运用将传统方法和敏捷方法结合的方法，或快速应用程序开发法，来缩短项目周期，减少跨部门团队合作壁垒。

加速学习和执行

今天，现代分析团队都在尝试新生事物，例如：试验新组合方法、新分析工具、可视化，以及揭示大数据模式的算法。通过不断尝试、不断试验，团队把宝贵经验和分析技术应用到其他完全不同的领域，以期解决全新问题。这不仅能加速学习进程和能力的提高过程，也创造出大量新价值。然而，要想培养这种通过试验来创新的能力，就不得不忍受失败，这必须成为一种企业文化。

数据规模日益膨胀，现代分析团队已经开始从单一统计法转向预测法和可以利用所有数据的机器学习算法。它们所获得的关键经验之一是，随着数据规模的增大，为了实现商业目标，尤其为了满足服务水平协议，基本分析工具和设备必须最大程度减少数据移动。现代分析团队很快就意识到这一经验的重要性，将其运用于各类分析项目。开始建模时，它们就把这一点明确地列入建模要求。

目前，根据行业现状调查显示，分析人员 60%～80%的时间在进行程序调试、数据准备或数据处理。现代分析团队总结出另一条宝贵经验，即分析项目前期，应该尽量减少手动处理数据的工作量，尽早实现数据准备的自动化，或将数据自动处理作为分析处理活动的一部分。这一宝贵经验，恰恰与企业寻求快速发展、保持市场领先地位的需要紧密契合。企业实时学习的能力是未来的一个趋势，它将不断地打造企业发展的动力。在当今商业世界，企业要具备实时发现新模式且立刻采取行动的能力，并且能够继续挖掘更深层次的洞见，来改进下一周期的分析任务。

创新分析方法

企业将产品、客户服务和运作流程融合起来，力图营造差异化竞争优势。分析法可以直接支持每一项商业活动：它提供有价值的分析结果，使企业更全面深入地了解竞争对手，抑或帮助企业制定高度差异化的竞争战略。这可能意味着，你成为所在行业中首次应用分析法的，或者意味着你使用了更优秀的分析方法，抑或意味着你更快地在生产领域中应用了分析法。

许多企业试图通过市场调研来了解竞争环境和竞争条件。然而，一味的模仿会导致你永远处于市场次要地位，而不能保持领先水平。分析法引领者则会关注其他行业，以及其他行业所吸收利用的分析方法。这些分析行业领跑者通过对比其他行业与本行业的问题，发现其他企业如何分析和解决问题。他们从企业外部寻找新数据和新方法。他们铸造共生联盟，用更多数据和方法来帮助自己的企业。他们应用新知识和新技术来解决行业和企业中的问题。为此，他们突破团队限制，打破部门之间或工作场所之间的界限。他们积极寻求与其他数据源和分析平台的整合机会，以便打造一个能对组织产生更深远影响的解决方案。引领者摆脱一切束缚，不断探求创新分析法的新途径。他们充分利用和吸收各种已有的分析法，而不是只用他们一直在使用的，力图驱动游戏规则的改变，从而获取新价值。他们不仅做出预测，还通过优化预测模型，使其表现出最好的状态，来帮助企业制定最佳的行动方案。他们日复一日不断地优化最佳行动方案，助力企业取得差异化竞争优势。

嵌入式分析方法

所谓按需分析或者实时分析，就是分析人员即席运用模型，在线提供某个“时间节点”的分析结果和决策结论，进而采取相应行动的一种分析应用方法。这种方法不仅实用，而且有利用价值，但人为原因使得分析过程运行缓慢。例如，试想一位有经验的操盘手，在交易大厅利用桌面软件工具了解金融市场内部错综复杂的相关问题。桌面工具会给出一个“结果”，即对当前市场形势的即时评价建议，操盘手据此来告知客户买卖信息。美中不足的是，企业内部的人际互动问题会降低此法的实际效果。目前，资本市场由“算法交易”主导，新一代桌面工具运用高级程序，进行自动算法交易。由于分析方法被嵌入复杂的金融分析过程，不存在人际互动，便消除了整个金融分析系统内部的摩擦问题。分析模型被内置于金融交易过程，周而复始地执行运行指令；分析程序不间断运行，驱动实现金融市场巨大的商业价值。

建立现代分析构架

过去 20 年，分析方法日趋成熟。从独立的桌面软件到企业数据仓库，再到大数据平台，如 Hadoop 数据库平台等，分析方法体系也发生了实质性转变。曾经非常专业、高效的运算环境，如聚类算法和网格算法，成为主流分析运行环境。在全球各个数据中心，你会发现这些年发展的遗产，即各种软硬件的大杂烩。之所以会这样，是由于运算成本大幅度降低，且开源软件成为主流。

分析范式正逐步向构建精益分析构架转变，如图 1.1 所示，在力求简明化和公开标准的基础上，企业充分利用商用硬件和开源软件，从精益分析构架中挤出额外运行成本，并且不断扩展分析平台，应用最新分析方法服务于分析项目。新方法支持计算与数据密集型预测模型在生产领域的运行，能够满足大用户的各种分析需求和服务协议水平要求。要想建设、管理和支持整个分析生态系统，实现其良性运转，就要求将众多软硬件融合起来，无论这些软件是开源的还是专有的。然而，即使是同一个供应商的产品，由于软件升级换代以及兼容性问题，也往往无法实现无缝对接。因此，虽然精益分析构架会使用一个专有的软硬件解决方案，因为这样的解决方案能提供独特的价值，但必须具有开放式界面，从而使其易与其他解决方案整合。

精益分析构架能减少繁杂的管理成本和维护成本，同时也能大幅提高数据分析效率，提升用户从数据中获取洞见的能力。

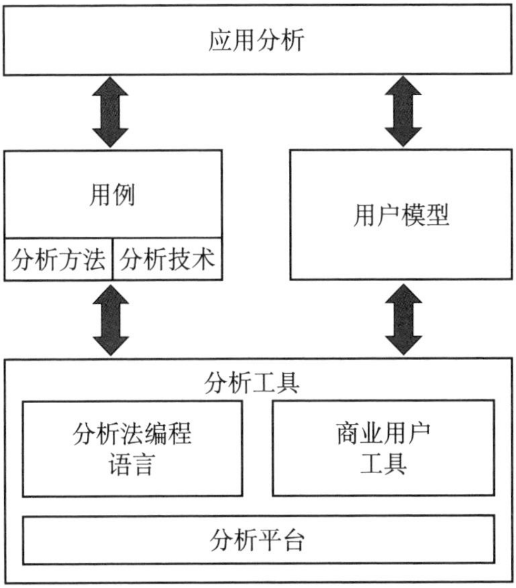

图 1.1　现代分析框架

构筑人力资源基础

企业被浮华的新闻头条和天花乱坠的广告宣传所迷惑，相信那些所谓的高深莫测的数据科学家，拥有完美而深入的多领域专业知识，诸如计算机科学知识（如软件工程、编程语言、数据库)、分析知识(如统计学、数据挖掘、预测分析、模拟仿真、优化、可视化)、所属领域知识(如行业、用途、流程)。但事实上,很少有人能兼具此类技能和知识于一身。人们也越来越清楚地意识到,是精英团队在担当着数据科学家的责任和义务。为了实现分析目标,他们亲密合作。通常,分析团队由少数数据科学家出任高级领导。这种领导结构在成熟的数据分析公司和分析机构中显而易见,也是数据分析机构组织成熟的重要标志。

数据行业日益成熟,所涉及分析业务的宽度和广度逐渐增加。企业中不再只是由一类角色来建设、使用和了解分析系统与方法。相反,多种不同的角色和人才参与其中,每个角色都要求具备不同专业技能,也肩负不同岗位职责。任何重视分析应用的企业,都非常依赖于分析方面的人力资本,它们清楚地知道实现企业目标所需要的分析人才,也了解这些人才具备的专业能力。不同的人才和角色,为企业做出不同的贡献,所有人才对于企业而言都十分重要。因此,实现企业目标,至关重要的一点就是全面储备人才。这些企业如果察觉到现有技术比较落后,就会投入资金帮助个人或分析团队学习提高,助力分析团队了解掌握最新的分析技术和方法。众所周知,分析人才都特别重视新知识,故而企业在知识更新方面投资的多寡,是留住这些稀缺人才的关键。不断扩展和提升分析人才的兴趣、意识和技能,就能促使他们全身心为企业工作,不断创新进取。

充分利用消费需求

信息技术的消费市场呈现持续发展的势头。当前，信息技术主要的消费形式包括：APP 商店、众包和自有（BYO，bring your own）三种形式。

B2B 领域的 APP 商店与市场中，开始出现分析类 APP。其中一些 APP 的应用范围非常狭窄，例如信用风险评估标准；而其他一些 APP 则提供较为全面的端到端应用，例如多渠道营销归因分析。虽然这些 APP 商店不能百分之百适合企业需求，但却可以提供一个起点，帮助企业更快获得分析结果并降低成本。

众包是外包的一种形式，是指企业通过向网络群体外包任务来完成某个特殊项目。分析模型众包或者算法众包，提供了对接和利用外部专家的接口，而通常情况下企业是无法以经济实惠的价格获得其帮助的。

随着分析专家越来越想使用他们偏爱的分析工具、数据源和分析模型，而不是使用传统的标准化信息技术，一个提倡自助服务的“自有”时代正在到来。信息技术往往要追求标准化、供应商联合体、成本节约以及维护方便，但是，分析专家们通常更加关注其他事项，比如用户界面的易用性、编程界面的操作灵活性、分析模型的兼容性。出于这些考虑，自助服务方法应运而生：

- 自有数据（BYOD）
- 自有工具（BYOT）
- 自有模型（BYOM）

BYOD（bring your own data），即自有数据，是指企业将自己的非竞争性数据与丰富的新数据资源结合起来，以挖掘新的分析模式和方法、获取新洞见的一种自助服务形式。

BYOT（bring your own tools），即自有工具，是将开放性资源与专有分析技术工具融合与匹配，从而实现特定服务水平协议要求的一种自助服务形式。

BYOM（bring your own models），即自有模型，是利用APP商店和众包模式来获取商业价值的一种自助服务形式。

总结

现代分析法遵循以上九项原则，它为企业描绘出一幅转变分析思路、转化分析成果的路径图。事实上，新涌现出来的现代分析原则正在自下而上地重塑企业分析理念。今天的商界领袖们，正在重塑一个新商业纪元，即商业 3.0 时代。

企业提升差异化竞争力，必须把握和掌控自身独特的分析路径图，以强化商务策略，使企业能够从信息时代进入快速转变竞争力的新时代。在这一新时代中，现代企业兴旺发达的关键在于强化洞察能力和灵敏性，以便及时转变企业发展思路。

本书从改革创新故事入手，激发读者的学习兴趣。这些故事，使你可以获知相关分析方法和技能，并在今后将其应用于本行业和本企业。随后，我们进入分析框架章节，探讨思维框架——如何应用现代分析方法，明确识别企业发展机会。其中的有些分析方法，你也许从未尝试过，但有可能启发你产生新的思路，有所突破。不要因为畏惧风险而气馁，高风险、高回报。即便最初尝试失败了也没关系，但必须吸取经验教训，在你尝试其他分析程序时，可以参考借鉴。如果你产生新思路和新想法，即便不是全新的想法，但也有可能是创新的数据分析方法，同样也可能会产生更佳分析效果。借助于分析路径框架，结合具体商业策略和商业目标，你便能够系统地识别更加广泛的商业机会，发现企业更大的潜在商业价值！

接下来，你会了解更多关于新商业时代如何运用分析方法，来改变企业的知识和技能，以及创建独特分析路径图的方法与相关技巧。

第二章

企业 3.0 到来啦！

与人初次见面，我经常问及对方“成长过程中谁是你心目中的英雄？为什么他是你的英雄？”我发现通过这样简单的问题，你能更深入了解一个人。了解他们的核心价值观——换言之，他们为什么做出这样的选择，而不是其他选项。这个问题的答案，有助于了解他们做人的准则或人生观，和他们想要留下的人生遗产印记。

我心目中的英雄是约翰·韦恩、海伦·凯勒和阿梅莉亚·埃尔哈特。这些英雄矢志不渝，坚持自己的价值观。其中，约翰·韦恩的品格对我而言胜过生命。他昂首阔步大胆前行，仁慈且富有同情心，兼具恰如其分的男子汉气概。海伦·凯勒是逆境中获得成就的代表人物。这位女士披荆斩棘开辟出一条新道路，但是今天这样的杰出人物很容易被人们忘记。我相信海伦·凯勒是一个转折点，她会不断改变我们对残疾人的看法。阿梅莉亚·埃尔哈特勇于直面风险，敢于冒险，从失败和错误中吸取经验教训，接受更大的挑战。

我们有幸生活在持续变革的时代，我也有幸投身于日新月异的分析技术领域。正是这一勇于改变的先进领域，建立起世界新秩序。虽然你可能认为，有些人在该领域落伍，有些地区会滞后于该领域的发展，但是这种变化会带动全球的进步。

新时期的无名英雄——当代变革者们，带来汹涌澎湃的社会变化。他们冒着风险，赌上职业生涯和事业，全身心投入一个早期未能得到广泛关注和宣传，后来被证明具有重要作用的学科。因为需要保守商业机密，此处无法公开他们的很多宝贵经验财富。这些“顽固”的变革者坚持他们的新观念和新思路，秉持不断促进学科发展，以使世界变得更加美好的信念，在逆境中将分析法成功地应用到企业运营过程。今天，大数据和现代分析法成为分析技术行业和商业企业的宠儿。我们往往很容易忘记这些披荆斩棘的英雄，正是他们当年的冒险，才赋予该学科今天的重要意义。

这本书会让您了解更多关于改革者的故事，以及如何推动他们的企业发展到一个新高度。这本书的内容，不是单纯介绍运用技术促进企业逐步发展，而是关于在企业和行业中，如何运用分析技术打破常规和不断革新。本书描述了如何挖掘分析技术潜能，应用到企业尚待开发的空白领域，并与大家分享改革者结合技术采用独特的方法，最终取得成功的传奇故事。同时，也与大家共同分享掀起即将到来的分析应用浪潮的经验，即人工智能化分析——这已经远远超出了人类思维处理错综复杂事物的能力范围。

置身于这种范式转变背景下，我们来讨论一些关于近代商务发展史和技术发展史的题外话。年纪稍长一些的读者，或许还会记得第一次自动化商务处理浪潮（如果您回忆不起来的话，请查询一下主要的商务处理发展历史脉络，然后可以看到IBM应用程序始于20世纪50年代初），比如订单处理、订单履行等等，以及几十年来技术浪潮如何创造企业可持续的差异化竞争优势。最初的差异化竞争，源于“卖方”市场——那些拥有分析资源或者没有资源的企业，能够充分利用分析技术实现业务流程自动化。然而，随着时间的推移，出现了越来越多商业自动化应用，这些企业失去了原有的差异化竞争优势。

随后，迈克尔·哈默（Michael Hammer）和詹姆斯·钱皮（James Champy）打破市场常规，于1993年在《企业再造》（*Reengineering the Corporation*）一书中引入企业再造理念。尽管商务自动化已经发展了几十年，大多数企业依然保持着许多传统的自动业务流程，且人浮于事。哈默和钱皮提出精简企业的办法，来减少不必要的浪费和低效率。这时期，曾是一个令人不愉快的裁员削减成本，实现差异化商业价值的阶段。

仅仅四年之后，在哈默和钱皮论著的基础上，迈克尔·特里西（Michael Treacy）和弗雷德·魏斯玛（Fred Wiersema）

出版了《市场领导者原则》（*The Discipline of Market Leaders*）一书，提出能够体现所有商业特征的三个基本价值原则，即：

1. 顾客亲密度
2. 产品创新性
3. 卓越运营

特里西和魏斯玛在书中阐述了企业结合这些原则，如何创建独特的差异化竞争优势——通常要分清“主要”和“次要”，并等同于第三种策略的竞争格局。

当今世界，创建新一代自动化分析正当其时。但这不是旧自动化的概念，不，绝对不是。这是一种全新的、更智能的自动化分析。这是一种灌输了新一代智能化应用程序的分析范式，类似于与人类大脑相连接的分析法。

在可预见的未来，我们不会有比最博学、经验最丰富的专家更智能的应用程序，但会有新一代的应用程序，它与最好的、最聪明的头脑中的知识进行完美组合，结合大量数据——数据量远远超过人类大脑可消化的程度——能够快速综合各种复杂要素，然后确定预测模式，制定最好的行动方案，就像今天最有经验的专家、相关领域的科学家、CEO 等领导各自所在的企业进行决策活动一样。新一代的分析应用程序，即现代大数据分析应用程序，不同于以前的自动化程序，将主要和次要的商业策略密切联系在一起。紧密结合商业战略，积极主动而不是被动的，企业采用业内更智能、独特的分析方式，就能够“把握商业脉搏”，更快作出响应，及时调整经营策略。

许多企业间的竞争，包括运用新的分析工具和新的分析方法，就是去识别新的分析应用方法和创新分析应用程序，实现重整企业价值的承诺。最优秀的企业积极开拓视野，努力尝试创新性的应用程序，以适应行业和企业发展。虽然这种实践往往是成功的，但这是一个“撞大运”的办法，高层管理人员常常缺乏综合性方法去提升企业整体绩效和水平。企业只有通过内部构建现代大数据分析的壁垒工事，巩固商业战略基础，建立不间断持续分析执行模型，创造可持续的差异化竞争优势，才能够立于不败之地。

恰如发起新一轮冒险的英雄——阿米莉亚·埃尔哈特，克里斯托弗·哥伦布，尼尔·阿姆斯特朗，史蒂夫·乔布斯，还有其他许多英雄——你也即将开始一次新的冒险历程，它可能会改变你的商业世界。迎接新的冒险，让它成为你的传奇故事！

第三章

为什么需要独特的分析路径图?

概述

尽管咨询顾问们公开明确表示，每个企业都是独特的，但他们私下里却认为企业都是一样的。何以至此？因为表面上看，企业似乎采用相同的加工流程，生产同类产品，尤其是在同一行业内更为明显。那为什么有一些企业能够获得成功，而另一些企业却失败了呢？不是这些成功企业创造了独特性，而是应当如何做的问题。“什么样的策略”描述了商业战略内容，“如何实施”或者商业战略的运作执行，才真正决定企业的市场价值定位。迈克尔·波特（Michael Porter）在商业经典著作《竞争战略：行业与竞争对手分析技巧》（*Competitive Strategy：Techniques for Analyzing Industries and Competitors*）一书中，提出企业杰出的执行力形成独特的市场价值定位，形成企业持续的差异化竞争优势。

企业通过严格运营和执行发展战略，寻求创造独特竞争优势。然而，全球市场正在加速改变，变得更加复杂和难以预见。渐渐地，当人们面对海量数据进行商业决策时，往往会变得不堪重负。这时，企业如何来创造可持续的竞争优势呢？通过定制独特的分析策略，增强企业独特的商业战略，利用数据并基于事实进行生产经营决策，更快速地转变执行力，帮助企业实现商业目标。

要创建独特的分析策略，企业必须利用各种各样的分析资源、专业知识和分析技术构架分析路径图，推动企业进入分析快车道，快速实施企业独特的经营策略。企业必须跳出原来固有的思维模式，才能够创建独特的分析路径图，确定如何开发利用分析方法，获得竞争优势。目前，分析应用技术和程序仍处于初步发展阶段。企业需要系统地探索分析方法，将企业、技术人才、分析功能有机结合，来挖掘分析方法的全部潜能。探索这个问题，必须考虑以下这些方面能力的获取：

- 业务领域——我们如何将分析方法应用于全新的业务领域或解决业务问题？
- 数据——我们能够利用哪些数据得出分析结论或完善分析结果？
- 方法——我们如何创新性综合应用分析方法，发现新的分析范式和挖掘新的商业价值？

● 精度——假如能确定单位数据，而不是组数据，比如个人信息、每笔交易数据或投入的单位资源数据信息，我们会获得什么样的附加值？

● 演算法——我们能够通过创造或使用新的突破性数学方法或者科学方法获得竞争优势吗？

● 嵌入法——我们如何通过将分析法嵌入企业生产经营过程，获得系统化的分析结论？

● 速度——我们如何加快商务发展速度，在市场竞争中保持领先地位？

接下来，我们进一步讨论这些能力的获得问题。

业务领域

最初的分析方法在有些业务领域中的应用非常成功，例如客户和营销分析、供应链优化、风险评估和策略等等。目前，随着更强大的第二代分析应用方法的出现，更多的分析应用机会也显露出来，存在于企业各个部门和运作环节之中，例如产品销售、市场营销、业务运营、分销配送、客户支持融资、人力资源、风险评估、采购、审计、资产管理等等。这意味着企业中每个部门，都可以从分析结果中受益。业务领域是核心价值定位的关键，坚持“主要”和“次要”的基本策略，就会最大程度地受益于量身定制的分析方法，同时加强企业发展战略的独特运作执行的基础。其他业务领域，在某种程度上已有分析解决方案存在于市场，能够刺激同类分析解决方案的价值竞争。巩固企业独特商业战略的组合策略，就是将客户开发和已有分析解决方案二者合一，为企业提供独特的分析路径图。

数据

分析策略帮助企业开阔视野，着眼于企业之外。企业利用全新的、正在兴起的数据源，而不是封闭在企业内部的传统分析系统的数据源，提升企业分析能力而获得更高商业价值，以及更新的分析结果。新数据源不仅可以推动某一业务领域成本效率的大大提高，而且可以提高企业整体的成本效率。摆在我们面前的问题，不是“如何利用已有数据”，而是“我们想要了解什么？如何利用分析结果来帮助企业增加商业价值?”利用全新的、更强大的数据源是非常有必要的，同时，我们也有机会获得不容易获得的重要数据和信息。企业通过与外部大量的新数据源对接，能够赢得巨大商业价值。

方法

您也许经常听到用来调侃第一代分析从业人员的“数据科学”（data science）这一术语，这个词错误定义了第一代分析人员。但是它可以用来正确定义新一代的综合性数据科学家，他们坚持利用数据剖析问题，并且使用科学、独特的综合分析技术发现新的分析模式和商业价值。这些数据科学家认为不能简单地从统计或运筹学角度看待问题，重点是要具备理解商业问题的能力和掌握应用正确的组合分析技术。例如，运用数据挖掘加上仿真优化解决问题，推动组织获得巨大的商业价值。想找到一个全知全能的专业人士非常困难，常见的是数据科学团队，这类团队既具备丰富的分析技能，又具备大量分析经验，利用数学、统计、科学、工程、运筹学、计算机科学和商业知识，形成自己独特的分析观点和思路。通过团队头脑风暴和密切合作，能创造独有的分析方法来解决项目问题。这样的分析团队不仅存在于互联网企业，如谷歌和 Facebook 公司，也存在于大型银行、零售商、制药公司中。

精度

精度或者精度控制是针对单位或个体产生的分析结果，而不是针对群体或聚合数据的分析结果。例如，传统人口统计学模型正在向一个体现市场精度的模型转变。比如，尽管邻居与我的家庭收入和年龄几乎相同，但精确而言，我的购买行为明显不同于我的邻居。我的购买行为基于这样一个事实：我是一个单身母亲，然而我的邻居收养了两个可爱的孩子。更为普遍的精度含义是对于激励人们个性化行为、过程或事件的独特性格和特点的理解。通过分析和了解具有个人特色的行为，可以更准确地预测未来的行为趋势。

演算法

为了实现特定目的，根据具体方法和步骤得出结果就称为演算法。演算法可以解决你能想象到的任何问题——从最简单的问题，比如求平均数，到一些复杂的、专业性比较强的问题，如自动提取自组织神经网络和用来分析化学位移差等等。

很久以来，各行各业一直在使用分析方法，运用创新性分析技术，并通常结合专业演算法增加企业价值，保持竞争优势。金融服务行业在这些方面表现得尤为突出，因为金融服务交易演算依赖于高度专业化和日趋成熟的演算法技术。

嵌入法

嵌入法是将分析方法嵌入自动化生产过程，在分析结果基础上连续不间断地执行和运营，从而为企业获取最高商业价值。通常，嵌入分析方法是连续的闭环运行，需要通过重新计算，改善和优化模型，或通过机器自学习和自适应技术来完成分析任务。这样连续的操作执行，持续学习和改进过程，常常被认为是非常复杂的过程。但是，嵌入式分析可以驱动企业获得持续的、不间断的商业价值。

速度

虽然每种分析方法是相对独立的，但是保持分析速度优势可以让你一直领先于竞争对手。当你利用加快分析速度来提高分析质量时，就创建了一个灵活和无摩擦的分析环境，使企业不断超越核心价值主题。

总结

总之，独特的分析路径图，能构建一幅高效综合利用以上分析方法，驱动企业获得最高商业价值的宏伟蓝图：

- 分析方法应用于全新业务领域和解决新问题；
- 利用新数据源完善分析结果；
- 创新分析方法并发现和利用潜在的分析模式；
- 创建或采用最先进的演算法以获得竞争优势；
- 将分析法嵌入生产和操作流程中，以持续改进业务流程；
- 提高分析速度来超越竞争对手。

02

第二部分

分析路径图

THE ANALYTICS ROADMAP

第四章

利用分析强化企业发展战略

概述

分析是帮助企业树立独特价值观的工具之一。分析赋予企业描绘行业内和企业内发生何种变化的能力。更为重要的是，通过分析活动，企业能够发现并掌握如何自动节约运营成本和增加收入，这直接关系到企业具体的经营战略。即使当战略目标相互冲突的时候，通过分析，企业也可以具备权衡复杂决策的能力。即使企业无法获得足够的数据，或者已经掌握的数据不太可靠，通过分析，也有助于做出更好的决策。分析可以揭示所谓的“已知的未知”，进一步挖掘发展空间或开发数据模式的空白领域，有助于凸显和发现被忽视的商机。

简而言之，利用分析能够有效增加企业收益。这看似简单，却是一个强有力的观点表述。分析可能给企业天地带进一缕阳光，想象一下企业能够：

- 推出一款新产品，仅仅耗费目前一半的周期，就可以开始盈利；
- 续约称职的分析人才和其他分析岗位合适人选，大大提高企业绩效、减少员工流失和培训成本；
- 在潜在竞争对手采取行动前确定其商业动向，充分利用市场机会，主动采取战略转移，以遏制竞争对手采取类似策略；
- 创造客户个体激励机制，提高客户忠诚度，实现企业利润最大化；
- 预知代价高昂的生产停滞状况，消除负面影响或者实现其最小化；
- 不断推陈出新，满足潜在的市场需求；
- 不断调整和制定细分市场价格策略，实现利润最大化；
- 开发目标市场，采用恰当营销策略，击败竞争对手而赢得客户。

如你所见，企业通过分析实现的可能，具有无限想象空间。因为成熟运用高级分析的企业，能够洞悉如何系统地得出分析结论，必然是市场赢家。它们能够从更完善的、影响企业经营战略的前瞻性模型中攫取商业价值，从而为企业经营运作打下牢固基础，这也是执行力最佳的分析驱动型企业所获得先发优势的回报。它们建立起分析技术壁垒，具有威胁性的行业竞争者便不复存在。

案例分析

有几项经典的调查研究，如 2010 年 10 月麻省理工学院斯隆管理学院发表的“新价值之路”显示：优秀企业观察并运用数据，不断完善整体企业的分析结果，创造差异化竞争优势。这项调查之后斯隆管理学院开展了另一项研究“分析结果显示：鸿沟正在日益扩大”，该研究成果发表于 2011 年 11 月。这项研究揭示了如何运用分析快速创建巨大的差异化竞争优势，同时如何更加有效地进行风险管理。

例如，谷歌通过分析赢得了网络广告世界。又如沃尔玛，通过优化供应链在大型零售店竞争中获胜。再如第一资本金融公司（Capital One），采用逆向思维方式，通过研究分析细分市场，赢得次级信贷市场。并且，算法交易已经不可逆转地打破了传统金融市场交易方式。

目前，有许多市场分析成功案例。但是在这些案例中，企业取得成功的细节，往往被认为是商业秘密。企业不会公开披露这些信息，或者这些信息只会在高科技会议上被公开，分析专家可以在这些会议上了解和学习这些新的分析方法。企业不会在会议上毫无保留地分享商业价值和经验教训。毫无疑问，其他企业就会继续使用传统分析法和技术，来解决同样的老问题。看起来，似乎分析法只能解决那些问题。

然而，在这些成功案例中企业将会发现创新分析应用的突破口，来激励企业及其团队。这些案例都是把分析技术应用于新的业务领域，解决新问题。利用创新性分析技术处理新数据，最终大大提高企业整体分析结论的精度。这些商业实例中，具有远见卓识者、领导者和现代英雄们，正在开辟一条新航道，将全球和企业运作的各节点连接起来，去促进新的分析方法在企业内部的诞生和应用。

Datasong 公司建立客户交互沟通

原名 Upstream 的 DataSong，是一家基于云端的营销软件即服务（SaaS，Software-as-a-Service）供应商。Datasong 公司在多渠道营销方面成效显著，并且帮助其客户，如 Williams-Sonoma 和 Neiman Marcus，解答难以捉摸的营销问题：

> 我投入到广告上的资金，有一半是浪费掉的；问题是我不知道是哪一半。
>
> ——约翰·沃纳梅克（John Wanamaker）

如沃纳梅克所述，在 20 世纪早期，这种情况当然是真实的。但是如今还有这样的现象存在吗？目前，我们拥有更多的营销工具和销售渠道，营销活动处于大量数据环境之中。但是，我们能精确地测度营销投入与回报吗？我们的营销预算有成效吗？

如今大多数企业使用传统技术，如营销组合模型或市场容量模型确定营销贡献，这是一种近似于树立销售信誉的营销策略技术。营销组合建模通常使用多元统计分析法分析销售和营销时间序列数据，估计市场营销策略对销售产生的影响。市场容量模型通常基于市场调查，试图研究消费者购买行为。这两种技术利用综合信息，分析市场营销投入转化为销售额的贡献率。

DataSong 公司帮助其每一位个体零售商找出最有效、盈利最多的营销渠道。DataSong 公司通过调查零售商每种营销渠道的支出（如信件、电子邮件、手机、在线搜索、广告等等），以及通过所有销售渠道直接链进行的销售（如电话销售、门店销售、在线销售、手机销售等等），帮助其认识营销渠道。了解每一位客户的市场营销开支（如支出项目），组合营销开支（如目录+邮件）对销售的影响有多大，搞清楚影响如何产生，分析市场营销对销售产生的影响，这是理解如何利用营销投入实现销售目标和优化营销预算的关键。

运用大量事务性销售数据，包括每一份宣传单、每个网站的点击率、每一封电子邮件和点击通过率、每一份邮寄的商品目录和每一张明信片，DataSong 的客户更有效地利用营销预算，创造更多需求，实现更多销售。

DataSong 公司将分析技术应用于生物统计学和医疗研究领域，开发出分析模型——生存分析法。通常，这种方法不用于市场营销分析。DataSong 之所以使用这些技术，是因为它认识到营销策略产生影响，依赖于时间的推移或衰变；换句话说，潜在的客户收到后一份具体营销产品（如目录），这份报价会产生潜在的反应，他购买的可能性非常小。当一笔销售业务的的确确发生的时候，分析模型才会将销售“信用度”赋值于相应的营销渠道。

泰斯·奈斯比特（Tess Nesbitt）博士是DataSong公司的高级数据科学家，也是一位现代倡导者，他阐述了DataSong公司多渠道营销贡献：

> 我们采用关注并细致入微地观察每一位客户的方法，它允许我们在客户层级构建模型。与营销综合容量法比较而言，这是一种不同寻常的方法，需要利用搜集到的综合信息。在客户层级建模，使得客户深入了解分析技术逐步产生的影响和作用力，帮助客户实现巨大收益。如果企业想要在正确的时间给正确的人发送正确的信息，就需要懂得个性化的增值效应。通过厘清市场信息与销售额转换之间的时机选择关系，我们把握下达具体市场策略的时点，增加购买机会。模型筛选一个数据量逐步增加、万亿字节的数据源，通过处理500种属性的数十亿行数据，找出客户模式与差别。以产品目录或电子邮件为例，我们可以认识到哪种具体的营销对策，会对哪一类型客户更加具有影响力。这将有助于我们更准确地确定目标市场。销售时机选择和市场营销至关重要，确定传递正确信息的时机，可以大大增加客户购买的可能性。

DataSong 公司对特定市场的营销对策进行时间序列贡献率排序，利用分析结果和建议，用于其他市场营销分析，包括：

- 通过各种销售渠道优化营销组合；
- 重新分配营销投入，实现销售额和投资回报（ROI）最大化；
- 在正确的时间，针对特定客户（例如能够带来最大利润的客户），制定定制化的营销对策（也即最有可能激发购买欲望的对策）。

DataSong 利用数据驱动的时间事件生存率分析框架，建立终点目标来处理竞争风险，在个体客户水平上进行收入分配。框架内涉及的大量数据又会产生新数据（采购历史、点击流、网络印象）、面向用户的信息（存储位置、季节性因素），以及特殊情况的信息（品牌搜索、经济条件）。

奈斯比特和 DataSong 公司团队进行了一年多的客户行为分析工作，构建起这些分析模型。正如奈斯比特所说：

> 一年多来，我们持续分析客户行为。如果今天客户有购买行为，我能够知道多久前他们点击了电子邮件，看到产品目录。我也可以知道他们什么时候直接下载了产品目录。我们仔细地跟踪所有此类信息。如果一个月前他们看到一份产品目录产生了所有涉及收到目录到购买之间的其他活动，那么，离他们的购买行为发生最近的那项活动，更可能对激发其购买行为有较大影响。我们把购买行为的

发生，更多归因于企业信誉。如果客户花100美元购买了一双鞋，在购买行为发生的五天前，他直接下载了产品目录，我们就会赋予这一事实更大信度，而给客户30天前收到的产品目录赋予较小信度。营销贡献率是与客户购买行为相关的时机选择组合，还有营销对客户影响幅度、购买量的组合。

或许我老板会说："通常当人们直接下载产品目录，意味着他们把信用卡放到刷卡器上了。"所以，这些变量越可信，它们的影响幅度和作用越强。我们进行线上和线下的营销活动，包括整合品牌的信息、会员网站、电视和杂志广告以及非市场活动，努力去识别真正影响增量销售的因素。很多情况下，营销活动越来越变成完全靠信用的销售。但是现实中存在外部驱动因素，像圣诞节、每年生日礼物、经济和季节性的因素。通过个体层面数据的观察，我们异乎寻常地通晓分析模型的客户情况，这使我们能够正确分析引起购买行为的变化因素。

通常，客户进行"测试控制"实验并后测（backtest）DataSong模型，就可以掌握自身的所有情况。DataSong公司帮客户们节约大量成本、提高收益。例如，一位客户仅仅在一次营销活动中就节省了250 000美元。另一个多渠道零售商认识到，大约50%总体销售量归因于市场营销的作用，包括线上和线下销售；另外一半销售量来源于客户购买习惯和店铺位置（交易区域）。据此，该零售商在三个月内重新调整营销预算，把 500 万美元投入到其他更有效的渠道。另一位零售商把复杂生存模型和行业领先模型进行对比测试，仅仅在一次营销活动中，就使客户响应速度提升了 14%，增加收入270 000美元。这位零售商同样利用模型，确定哪些客户在没有收到目录情况下有可能购买产品。根据分析结果，零售商再分配营销投入到新的营销渠道，增加营销活动总的净收入。DataSong 公司独特的分析方法，促进企业销售收入增加，帮助企业更精准地瞄准目标客户，实现营销投入收益最大化。

Talent Analytics 提升员工绩效

人才竞争的时代，Talent Analytics 作为一家预测分析软件公司，专注于运用高级分析预测技术预测顶层和基层执行者以及员工流失，也预测顶层执行员工的绩效，包括难以招揽和留住的数据科学家。格瑞塔·罗伯茨（Greta Roberts）是 Talent Analytics 公司的创始人兼首席执行官，热衷于利用分析法评价员工绩效，而不是根据人力资源部的评价结果。人才分析软件结合天赋指标和行业绩效数据集（销售额、绩效考核、工作年限及企业要模拟的任何数据）。如罗伯茨所说，客户分析是最成熟的分析领域。客户分析和人才分析的核心都是人。企业收集大量员工数据，从工作起始日期到报酬，到最初提交的个人简历，再到所有的绩效考核，及所有其他内容，每个人曾发送的电子邮件，等等，包括海量数据。然而，收集这些人才信息并不产生价值。人力资源部门做了大量所谓的“人才分析”工作，却仅限于报告历史信息。这虽然是一个好的开端，但并不能为预测未来绩效打下良好基础。而我们的目标是利用现有员工数据，帮助企业明白员工天赋是如何驱动经营业绩提升的。它对企业而言，可能是一个不同寻常的优势。

美国有1.6亿工人，特种业务收入占总收入的40%或者更多。新兴的人才分析重点领域，通过创建高效团队，专注于执行和减少内耗，运用现代手段使企业投入更富有成效。通过分析数据，企业可以将员工塑造成成功概率更大的人。人才分析软件测评人们与生俱来的性格特征或“天赋”，帮助企业发现可以采用哪些要素塑造成功。罗伯茨说：“我们着眼于员工过去的考评绩效结果，建立预测模型。这个模型考虑到个体固有的特征，创建‘个人简介’来记录企业在具体工作中采取哪些措施使员工取得成功。例如，有没有员工在其岗位上持续工作18个月并迅速成长起来，参与度得分为X，他是不是连续四个季度100%实现销售目标?”

例如，一个人才分析客户，是一家规模非常大的金融服务企业，拥有一个外包中心，销售和提供产品的证券投资组合服务，以及此类第三方产品。中心每年雇佣3万名呼叫中心代表，收益率达到64%。呼叫中心管理团队清楚知晓，中心存在招聘和客户纠纷问题。他们曾多次尝试解决与客户的纠纷，都没有成功。进一步挖掘问题后，他们意识到拥有大量呼叫中心数据，如通话时间、通话质量分数、客户服务评分以及很多类似的数据。但是，他们却没有利用这些宝贵的数据去获取中心员工的任何评价结果。罗伯茨描述了整个过程：

> 他们要雇佣80名呼叫中心代表。从上班的第一天起，这些新员工将进行为期12周的培训。新员工开始上岗前，也就是能够接听现场客户电话之前，必须完成7次系列考试。这一系列考试难度很大。因此，这一个班80名新员工几乎马上要放弃这个岗位了。培训很辛苦，需要大量的学习时间。新员工完成培训后，公司组织考试。如果他们没有通过考试，就会被解雇；通过考试，就直接上岗。中心支付新员工12周的工资，但没有业务提成。公司本次投资的回报是，13名新员工通过12周培训，顺利上岗。呼叫中心是个有趣的案例，因为对每个受训的员工来说，接受培训内容和培训方式如出一辙，而有些员工成功通过培训，大部分则没有。每个员工使用相同的培训手册（事实上，呼叫中心代表通常会由于岗位缺乏创新性而感到沮丧）。经理们培训这些员工坚持按照培训手册，保持通话时间。然而，有些人成功了，有些人却没有。令人难以置信，“为什么使用相同的培训手册，这组非常成功，难道其他人使用的不是同一本培训手册？”

Talent Analytics公司以他们独特的筛选数据方式，发现定义最佳呼叫中心代表行为方式的规律。这些行为方式特点有：非常友好热情，对学习新事物感到兴奋，主动积极参与中心组织的竞赛。根据评价标准，中心选出表现最佳者。对 800 人进行人才分析，核心是基于发放问卷形式，为每个人设计一份天赋问卷。接下来，他们找寻表现最佳人员的评判标准，也就是这 800 人的通话质量分数、电话连线和在线时间。然后，他们优化预测模型以适应这五项标准和许多变量的因素分析，这些变量因素就是成功代表的得分（赋值）。这样就可以利用预测模型将这些变量排成一个数列，然后应用模型来验证数据集。这有助于测试预测模型，并揭示当采用这些赋值就能够预测诸如通话时间等行业结果的时候，天赋值是否可以作为一个独立变量。罗伯茨记录道：

> 分析结果非常惊人。优秀的呼叫中心代表有一套突出的天赋特征。在这一点上传我们的模型非常简单，设这点为 R，将其输入模型的基准测试模块。新的人选在线填写问卷，就能计算他们的天赋得分，并与理想标准进行比较。短短 8 个月内，呼叫中心纠纷下降超过 30%，每年节省数百万美元。

利用天赋分析，呼叫中心减少了客户纠纷，不仅节省数百万美元开支，而且雇佣到了合适的员工，也就是合适的人才，并提升了每位员工的成功率，也增加了企业收入。另外，简化后的招聘形式为企业节省了巨大的时间和成本投入。罗伯茨说："一次又一次，我们的客户意识到分析能够提高企业效率，直接影响企业财务业绩。"

拜尔斯道夫公司利用前沿分析法创新产品

拜尔斯道夫公司长期引领国际化妆品和医疗保健产品行业，拥有如妮维雅、优色林、莱珀妮和其他一些著名品牌。几乎一个世纪前，拜尔斯道夫公司就开始运用先进的尖端分析方法，加快其创新性新产品的开发。类似拜尔斯道夫这种消费品公司，保持企业绩效和财务业绩的关键，是迅速响应不断变化的市场需求。

作为一家有着悠久创新史的公司，拜尔斯道夫拥有巨大的数据库，存储着 100 多年来与行业相关的试验结果。这个大数据库是进入新的目标市场、制定开发规划的基础，它帮助企业扩大产品组合和市场范围。拜尔斯道夫公司从客户需求入手，在新的目标市场中开发新产品，以满足潜在市场对天然产品的需求。这一行业的传统办法是，先试验新产品配方，尤其是知名配方的升级换代，再为目标市场研发新的、稳定的、符合专用标准的产品，注重如吸收性、香味和其他需求特征。鉴定可能的新产品配方需要一定时间，要研发这些新产品，然后确定其是否具有稳定性。而拜尔斯道夫公司运用非传统的模糊理论，基于公司经验丰富的产品研发科学家团队，利用历史实验数据探寻验证产品合格的规律。利用这些规律，公司建立预测模型，消除导致不稳定的实验配方，确定可能高度稳定的配方。确定稳定配方集合后，公司使用进化策略技术逐步形成稳定配方。公司对包括新配方在内的所有可能配方进行评估，形成评估结论。据此结论推荐最佳配方，迎合不同的相互竞争的目标市场，如最适合人才市场需求的配方，生产成本最小化的配方，以及其他配方。这种省时的方法，让产品研发科学家可以集中精力开发天然产品配方，以满足市场需求，也能够开发质量稳定的产品配方。科学家们全面审查程序和模型之后，将模型嵌入产品开发和应用程序，服务于团队的日常分析工作。

拜尔斯道夫公司通过采用先进的分析技术，缩短产品生命周期，实现了创新产品开发过程的现代化，同时研发新产品满足特定市场的标准。结果表明，公司可以迅速推出成功的产品进入市场，其竞争优势、收入和市场份额持续增长。

这则成功案例提及的软件，可通过 Divis（http：//www.divis-gmbh.de）购得。

法国液化空气公司降低运营成本

法国液化空气公司是世界上最大的工业和医用气体供应商。在美国，该公司布设于墨西哥湾沿岸各州的管道绵延1 800英里，将氧气和氮气两种气体从生产工厂运送到全国范围内的 8 000 多家客户。在能源领域生产这两种气体投入是最大的，所以迫于 20 世纪 90 年代末的能源管制，该公司不得不改变业务范围以提高效率。公司把先进的分析法完全融入运营系统，最初设定节省4%运营成本的目标，结果出乎意料地节省了8%的持续运营成本。

法国液化空气公司实施了许多项目，经历了多个阶段，在复杂供应链中开始搜寻可节约成本和提高效率的因素。运用强大的先进分析技术，包括蚁群系统和基因演算法，液化空气公司制定全面解决方案，优化生产计划和产品流通。这种强大的多目标优化程序，在现有生产设施条件下，结合七天天气预报，运用生产计划信息来优化公司在美国两种气体的生产。这种创新优化程序被嵌入生产过程，成为全世界工业领域规模最大、最成功的蚁群系统应用案例。这种应用能够提高生产效率，仅仅一个工厂每季度就为公司节省大约150万美元开支。在千变万化的市场环境中，法国液化空气公司利用这种应用创新，不断积累资本，降低能源价格，实时地持续优化生产计划。后续项目中嵌入另一预测模型，该模型后台系统运行可变成本驱动程序，自动生成最优液压和运输解决方案，最大限度地减少业务活动成本，重新配置相关资源。这个项目的实施，又为公司每小时节省成本300～750美元，公司自然而然地主动改善生产条件。作为想象力和开拓性努力的丰厚回报，公司继续完善最初方案的同时，已经节省开支超过500万美元。

与这个成功案例中提及的相似的软件，通过Charlotte Software Systems（http：//charlottesoftwaresystems.com）

可以购得。

刺激消费带来更高利润

迪恩·阿伯特（Dean Abbott）是一位国际公认的数据挖掘和预测分析专家，从事国防和商业领域高级分析项目的广泛应用研究 20 多年。目前，阿伯特是 Smarter Remarketer 公司的共同创始人兼首席数据科学家。Smarter Remarketer 公司是一个以客户为中心的营销信息平台，支持游客访问。阿伯特的风格很务实，采取商业价值取向的分析法解决现实问题，在通常由“象牙塔”专家掌控的分析预测行业内独树一帜。

早在 2010 年，阿伯特在 Smarter Remarketer 公司计算机硬件和设备服务中心帮助内部小团队发明了一件“秘密武器”。这个团队非常有求知欲和创新精神。据阿伯特所说，这一“秘密武器”，对企业而言仍是“具有争议的战略资产，因此无法将其投入到公众领域。这个小团队服务于企业，利用一套特有的创新模型为公司盈利，成为电子行业的创收新星”。

企业认识到客户要求上门服务（现场服务、外勤工作）解决电话故障，技术人员经常由于手头没有合适配件修复原装设备，所以客户服务出现拖延和低效的现象。这项工作不仅耗时，而且高成本的重复工作导致客户投诉也越来越多。

为避免卡车不得不返回仓库取件，内部信息技术团队转录了呼叫中心的记录，开始尝试性分析客户来电的关键词，与最初没把正确零部件装车的服务调度电话记录进行对比，查找二者的关联性。团队用结构化查询语言（SQL），从请求维修的电话记录中找关键词，分析客户来电关键词与待修复零部件之间是否有任何关系。初始分析结果虽然很有趣，但尚未得到很有价值的分析结果可供参考借鉴。

阿伯特协助团队从关键词分析中挖掘结果，进行真正的文本分析，构建基于决策树的预测模型。最初得到的预测结果不太好。但经过进一步的数据挖掘和数据处理（再加工），团队意识到决策树方法有两个缺点。只有在模型中输入大量已知数据（或相当密集的数据），决策树分析结果才最有效。团队一直利用个人单据进行分析研究，却未考虑其他能够提供历史信息的类似单据。而个人单据包含的信息相对较少。此外，个人单据缺乏作为决策树的决策依据的足够关键词。

阿伯特说，团队开始头脑风暴之时，就会有创新：

> 好的，我们开始思考和头脑风暴吧！这些服务单据真会发生什么变化？我们开始考虑过去的历史单据，从单据当中我们能够获取大量信息，比如哪类设备有问题，设备哪部分受影响，这部分设备记录的错误代码是什么，设备安装在什么位置，客户是谁。当然，我们必须了解与设备使用相关的关键字。创新就是团队说可以，让我们透过这些服务单据，来看看曾经发生了什么。

团队开始从现场服务维修记录中收集与每张单据相关的描

述性统计数据。他们所使用的统计方法包括：

- 对于每个故障代码（例如 40 或 41），得到所需零件并修复代码所表示的故障所耗时间占一年的百分比是多少。
- 对于每个关键词，与完成修复所需零部件相关的关键词出现的时间比例是多少。

为什么统计修复数据很重要呢？因为这些统计数据决定了决策树中备选方案权重的大小，从而大大提高决策的准确性。正如阿伯特所描述的那样：

> 我们开始统计关键词，突出真正的关键词，而不是关键字标记 1 或 0，然后把其他工作留给决策树，依赖于决策树从数以百万计的单据中推断出结论。现有一个携带更多信息的变量，就是和关键字相关的百分比。这不仅仅是关键词，当他们看着这些解决方案时，也可以明白代码与修复相关的原因，明白如何把关键字和单据与维修处理结果联系在一起。

真正的创新是汇总历史数据，把它输入到当前观测的分类变量中，把这些变量用于决策树。对于现今的人来说，这算不上创新。但是汇总数据并证明其是关键数据，从中得到有价值的分析结果，仍被视为商业机密。

这项分析技术，不是将单变量输入预测模型，而是捕捉到一个概要或其他统计信息变量，然后将其输入模型中。例如，进行欺诈分析，查看交易性购买行为，你可以利用账单地址的邮编，看看这种预测是否成立。但通常更可预测的情况是把邮政编码与另一可测特性联系在一起。你可以在得出分析结论之前，查看以前所有邮政编码的欺诈率，因为目前结果是已知的。

阿伯特总结道：

> 团队一旦统计关键词，模型就开始“弹出”或非常明显地做出决策。我们意识到需要找到一个大约90%的时间都会被用到的关键词。而且这个关键词对利润率很重要。这意味着许多决策树终端或末梢节点是毫无用处的，因为它们的中间值是30%或50%。我们曾经谈及第二个创新点，单独一个决策树可能不会解决我们面对的所有问题，的确是这样。单独一个决策树不能为我们提供足够多的案例，其中包含的大约90%的时间被用到的零部件关键词，从而使模型有效。所以，第二个创新点不只是建立一个决策树，而应当构建许多决策树。这是一种整体模型方法。我们只是从成千上万的决策树当中精选终端节点，不是在成千上万的决策树中求平均值，而通常整体模型采用平均法。我们构建了成千上万决策树的末梢节点，其中至少有上百个我们需要的高频次终端节点。

团队认识到，树状结构系统建成后，结构中存在相当多的重叠。这是因为关键词中还有同义词和替代词，信息相似却也不完全相同，会影响创建独立的决策树。这事实上为团队提供了一套综合运用的有效规则或约束条件，以创建一个决策层级。

阿伯特进一步阐明：

> 不同的决策树之间存在很多重叠。在优质终端节点，可能有替代词和同义词及大量重叠词。然而，它们不像这些数以百计的提供上百种完全不同的决策结果的终端节点，使我们可以预测 90%的时间可能被用到的零部件关键词。决策树也不是完全不相关，它为我们提供“或者”条件语句的路径，比如说规则特定的关键词代表的特定客户类型，从历史数据上说，失败的代码就是客户需要零部件，能够得出一个比例。但是，如果关键词导致客户需要的零部件被放置在不同的决策树篮中，超过 1/3 的时间用到这个关键词，也就是 20%以上的时间会用到，就会引起各种冲突。这些“或者”条件语句，允许模型把关键词按照从高到低排序，产生不断增加的新打入服务电话，所以这总是相关的。

这种独特的组合分析法，通过文本挖掘、描述性统计和系统学习，为呼叫中心构建起来一个高可信度、高精度的模型。模型所提供的运行结果非同凡响，不断提升呼叫中心的利润。通过公司呼叫中心应用程序访问模型，公司可主动将零配件装上卡车，以便在客户第一次打入电话的时候，服务技术人员就能够满足客户要求。这种服务成为企业的竞争优势，能增加客户忠诚度，减少重复劳动，有效管理备件库存。

宝洁（P&G）模拟政策变化削减库存

宝洁是世界上实力最强的消费品公司之一，拥有 300 多个品牌，包括如帮宝适、汰渍、潘婷、帮庭、佳洁士、玉兰油等家喻户晓的品牌和其他许多品牌。全球 160 多个国家的 50 多亿消费者在使用宝洁公司产品。20 世纪 90 年代末，宝洁公司意识到有两个主要问题对公司业务产生负面影响：一是供应链过剩库存大约 38 亿美元；二是零售店库存过剩，同时又有 11％的高档商品时常缺货。按照业内闻名的决议，宝洁公司设定目标：在三年内不加重缺货的条件下，减少库存 10 亿美元。宝洁公司在两年内减少了 50％的库存，但是在进一步削减过程中却遇到了困难，因此需要寻求新的突破性解决方案。

宝洁团队的领导人之一是斯图尔特·考夫曼（Stuart Kauffman）《在宇宙：寻找自我组织和复杂性的规则》（*At the Home in the Universe：The Search for Laws of Self-Organization and Complexity*）（牛津大学出版社，1996 年）一书的忠实读者。书中考夫曼向非专业人士分享了自己对复杂科学的深刻见解，阐释了简单系统经过一段时期的发展，常常会达到一个临界点。在这个临界点，复杂性迫使系统自组织，形成自己的秩序和生命周期的新系统。宝洁公司领导人求助于 BiosGroup 的创始人考夫曼，试图帮助宝洁寻求突破性方案，解决复杂的供应链问题。

BiosGroup 团队研究了宝洁公司进一步削减库存的难题，接受了为宝洁节约另一半库存成本的挑战。为了解宝洁公司复杂的供应链，BiosGroup 利用代理建模，创建适应供应链模拟过程的最初库存单元子集，经模拟仿真验证有效后，从库存单元子集开始向外延伸。通过建模来模拟仿真整个供应链运作过程，包括工厂、配送中心、商店、卡车，连同客户需求、购买记录、促销活动和库存情况一起。当模型准确地反映供应链状况时，可以通过模拟来测试和评估各种状况，来确定订单和配送方式的变化、生产实践和促销活动对库存和运作周期及缺货情况的影响。在不同情况和配置条件下，模型运行了上千次。通过每一次模拟仿真，代理商“学会”最佳行为模式，利用所学知识不断完善业务，进一步适应后续模拟迭代。随着模型系统不断完善，相对线性、基于序列的供应链模型被更高阶经济或网络经济所取代，这一阶段商品存货量减少，从工厂到配送中心、零售商，再到最终消费者，商品流转非常顺畅。

宝洁继续完善仿真模拟，开始现场模型测试，预定目标越来越接近，库存也在减少，但并没有出现零售商缺货的问题。宝洁取得最初胜利，着手将供应链转变为消费者供应网络。最初，公司减少了 9 亿美元库存，后续每年减少 3 亿美元库存，减少 75％缺货。其中一个关键研究结果是限制订单规模，规定订单数量必须装满一辆运输卡车，以减少运输成本，这打破了原来的供应链模式。这种“局部”效益最大化降低了运输成本，却涓滴式影响到整个复杂网络：客户为了满足可能会引起缺货的需求而下订单；当货物到达时，他们不得不在拥挤的仓库中储存多余的货物，这使得客户很难或不可能弄清楚他们的商店是否缺货。对于宝洁公司团队而言，这是一个与直觉相悖的结果。模拟仿真使得团队成员认识到也亲身体验到决策的影响。通过将可能订单的规模限制调整降低 5%，可使整个系统流动更加顺畅。最终，宝洁公司改变订单规模政策，弹性可高达 30%。

进入 21 世纪，宝洁公司的观念和政策开始发生转变，实施了一系列突破式的项目。宝洁公司为了利用零售商的实时需求信息，很早就开创性应用射频识别（RFID）技术和电子产品代码（EPC）。运用先进的分析法，宝洁公司在业内处于领先地位。

总结

本章中每个案例，以实例说明推动各自企业价值增值的分析数据、分析方法、算法技术及分析软件的安装使用、精度和速度。图 4.1 按照这些维度对各个案例加以总结，供读者参考借鉴。

表 4.1 分析案例研究汇总

	业务范围/问题	数据	方法	精确度	算法	嵌入	速度
法国液化空气公司	**产品运营** ● 多目标管道最优化	**客户数据** ● 要求预测 ● 客户位置 **生产数据** ● 生产工厂 ● 产量 ● 质量 ● 库存 **管道数据** ● 设备数据 ● 设备位置 **能源价格数据** ● 每日/实时价格 ● 7 日价格预报 **天气数据** ● 7 日天气预报 **财务数据** ● 生产成本 ● 交付成本	● 蚁群优化分析法 ● 基因分析法 ● 复合多目标优化法	● 每小时的生产计划	● 蚁群系统 ● 基因算法	● 管道生产系统 ● 后勤服务设施	● 几乎实时

续前表

	业务范围/问题	数据	方法	精确度	算法	嵌入	速度
拜尔斯道夫公司	**产品开发** ● 产品创新分析	**产品数据** ● 产品配方/配方设计 ● 原材料/部件 **质量数据** ● 质量目标 **实验数据** ● 实验历史数据	● 模糊模型 ● 进化策略 ● 机器学习 ● 非线性最优化	● 规划	● 模糊逻辑 ● 支持无线电导航机制 ● 线性模型	● 产品开发过程	● 批处理
DataSong公司	**市场营销** ● 多渠道营销贡献率 ● 微观目标定位 ● 营销组合优化	**零售商数据** ● 购买交易记录 ● 广告印象 ● 客户和零售商位置 ● 点击率 ● 直销邮件量 ● 广告人员配置量 **第三方数据** ● Acxion公司	● 生存分析法	● 个体消费者	● 逻辑回归法	● 生产记录	● 批处理

续前表

	业务范围/问题	数据	方法	精确度	算法	嵌入	速度
		● Experian公司 ● Responsys公司 ● Omniture公司 ● Core Metrics公司 ● Dotomi公司					
迪恩·阿伯特公司	**现场服务** ● 现场维修零部件服务预测	**呼叫中心数据** ● 呼叫记录 **现场服务数据** ● 服务票据 ● 零部件库存	● 文本挖掘 ● 整套学习	● 个人服务单据	● 描述性统计 ● 决策树	● 生产得分 ● 嵌入电话中心应用程序	● 批处理
Talent Analytics公司	**人力资源** ● 天才分析法	**人力资源数据** ● 员工信息 **呼叫中心数据** ● 呼叫记录	● 预测分析	● 员工或代表	● 复合因素分析法	● 生产得分和确定基准点	● 批处理

续前表

	业务范围/问题	数据	方法	精确度	算法	嵌入	速度
宝洁公司	**供应链** ● 仿真模拟客户供应网	**工厂数据** ● 订单 ● 运输 ● 库存 ● 运输计划和成本 **配送中心数据** ● 运输 ● 运输计划和成本 **零售商数据** ● 采购 ● 库存 ● 促销	● 基于代理人的模型	● 每一库存单位	● 基于代理人的模型	● 需求计划 ● 运输计划	● 几乎实时

第五章

构建分析法路径图

概述

分析路径图是协调统一分析项目，确保其与企业的总体战略目标保持一致的关键所在。企业应不断地完善路径图，让它成为沟通交流的工具。你可以运用各种方法，创建分析技术路径图。本章将提供一种方法，我们曾在分析项目中使用过这种方法，并取得了成功。

第 1 步：明确企业目标

设计分析路线图要先从分析结果入手，也就是要明确企业核心目标，这样才可以充分利用分析应用程序，实现企业最终目标。无论是否遵循前述章节中的基本价值原则，抑或坚持自己的原则设定路径图，都需要从结果入手。

本部分以基本价值原则为基础，指导我们构建一张分析路径示例图，该图将贯穿本书始终。

案例：企业核心目标

一家矿业咨询公司与一家矿业公司合作。矿业公司倡导卓越运营的首要原则和客户亲密度的次要原则。这家矿业公司有三个核心目标：提高整体运营过程效率；减少浪费；增强对市场的反应敏捷性。

第2步：确定价值链

确定企业核心目标后，接下来确定企业价值链。定义价值链的方法很多，迈克尔·波特最早在《竞争优势》(*Competitive Advantage*)中提出相关理论。简而言之，价值链决定企业的主要或核心业务活动，应当区别于其他辅助性业务。价值链是得心应手的分析框架，我们可以集中精力研究如何实现企业增值。核心业务，就是通过定制的分析解决方案，应当或者能够运用分析法赢得差别竞争优势的业务领域。就分析工作而言，辅助性业务创造的企业价值是有限的，属于从属地位。如果分析解决方案对于辅助性业务有益，那么通常将其囊括在一揽子分析解决方案中。因为一揽子应用程序提供“仿造”功能而不是高价值的定制方案。

案例：矿业公司价值链确定

矿业公司的核心业务是客户识别、采矿、销售、营销和产品交付配送，辅助性业务由业务服务和支持业务构成，见图 5.1。

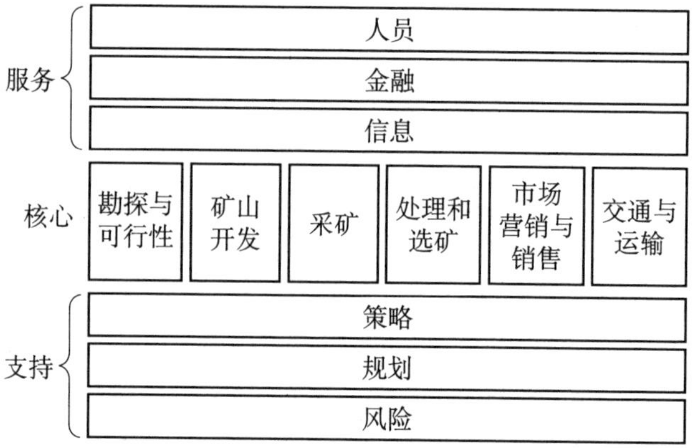

图 5.1 矿业公司价值链

将基本原则、企业核心目标与价值链紧密联系，创造核心业务竞争优势的分析路径图就展现在我们面前。这些核心业务要求高度定制的业务流程分析，而辅助性业务对于分析程序的定制要求并不高，因此从市场直接采购即可。

确定高层价值链后，接着分解或向下延伸价值链，直到无法分解为止。通常情况下，包括三个层级的价值链。

案例：矿业公司核心价值链延伸

在矿业公司的核心业务中，第一级包括项目启动、采矿与加工、物流与销售；第二级为运输勘探与可行性；第三级分解为有足够的特异性并开启头脑风暴的特定分析解决方案，以解决价值链步骤的关键业务目标。见图 5.2。

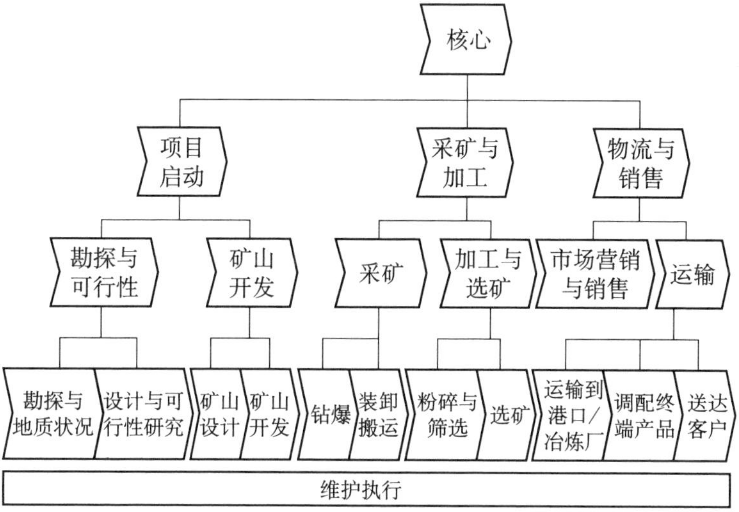

图 5.2　价值链分解示意图

第 3 步：头脑风暴分析解决方案条件

接下来，我们通过头脑风暴分析价值链每个步骤可能的解决方案。每个步骤中，各种潜在分析解决方案是可以预测的，包括战略、管理、运营、客户服务和科学性。这些不同的分析解决方案可设定不同的时间范围、周转时间和资源配置。以下分别介绍每种类型分析应用程序：

- 战略类

定义：这些重要的分析解决方案通常会创造高价值，并且通过离线决策或过程来加以实施，进行长期预测（例如一年到三年）。

例如：网络战略设计，分析和优化整个配送网络以减少固定资产投入，降低运营成本，预测网络扩展以开发新市场和满足潜在需求。定期进行网络设计的重新评估，如每年或每三年通过评估明确需要进行更改的方面。不频繁进行评价的原因在于，这种调整会对整个供应链产生影响。

- 管理类

定义：这些重要的分析解决方案通常制定为企业创造价值的中期计划。此类分析方案常常采取半自动或全自动化程序执行和处理。管理分析往往是短期预测，如三个月到一年。

例如：需求计划需要考虑各种需求信号，包括客户采购记录、库存水平、交付期、新近的促销活动等等，预测购买需求量，及预测需求对生产过程和整个供应链的影响。

- 运营类

定义：运营分析是将分析软件嵌入企业一线业务流程，作为企业日常运营的一部分来执行。运营分析包括实时分析和短期预测，比如当日分析和当周预测。

例如：实时广告利用流量、实时网络数据和电话数据，与历史购买记录及其他行为信息相结合，来确定目标市场，在网站上即时打出有针对性的广告。

● 直面客户

定义：就是通过分析客户得出相关建议和意见为企业创造价值。运营分析范围从实时到短期。

例如：定制医疗分析利用个人生物识别技术，以及巨大的疾病知识存储库和匿名患者信息，帮助消费者了解他们的日常行为对自身直接的和长期的健康状况所产生的影响。

● 科学性

定义：这些分析增加了新知识，尤其为企业增加了新的知识产权。分析频率可能会是定期开展，如每年；或不定期开展，若干年一次。

例如：新药研发分析利用现有药品和疾病信息，确定现有药品新的分析应用程序。此外，分析也是为了识别潜在的新衍生药品，这些药品应能够在微分子状态治疗疾病。

确定价值链的每个步骤，通过头脑风暴提出多种解决方案，回顾如何应用分析法来解决各种业务问题。我们所达成的目标，就是充分理解各种分析技术能够解决各种问题。分析技术包括如下几个方面：

1. 描述性分析：此类分析法描述过去发生了什么事。

- 发生了什么？
- 为什么会发生？

2. 预测分析：此类分析法利用历史数据，识别价值的关联性以预测未来，从历史数据分析中提出建议和意见。

- 可能会发生什么？
- 什么时候可能发生？
- 发生了什么？
- 如果这种趋势继续下去，接着会发生什么？
- 具体特征之间存在什么关系，可能出现什么结果？

3. 模拟仿真：此类分析法反复模拟随机事件，研究出现不同结果的可能性。

- 还会发生其他什么事件？
- 如果我们改变这些情况，将会发生什么？

4. 规范分析：此类分析法对大量可能出现的情况进行评估，确定最佳或最合理的一套情景，以满足目标设定的各种约束条件。

- 可能出现最好和最坏的情况分别是什么？
- 如何权衡最优结果？
- 如何执行最优方案？

让思想自由流动，从价值链每一环节中的问题入手。例如以下议题：

- 如果你能够……
- 你是否希望现在就了解企业某方面的情况，而不是将来？
- 有益的早期预警信号是什么？
- 哪些数据构成预警信号？
- 你认为哪里存在有益于企业的隐性模式？
- 哪些方面有益于企业可能做出最优决策？
- 哪些方面有利于企业最优产出的投资或投资组合压缩？
- 哪些方面将有利于了解可能发生的各种情况？
- 哪些方面会带来收益，需要多大投入？
- 带来收益的方面接下来会出现什么情况？
- 带来收益的方面接下来会出现的最好情况是什么？
- 通过接入新数据和新系统你可以学到什么？需要什么数据？哪些系统需要集成化？运用系统连接这些节点的优势是什么？
- 你如何创造新的收入来源？
- 如何增加利润？
- 如何培养创新精神？
- 如何正确投资进而超过竞争对手？
- 你如何获知何时开始？
- 你如何提升高利润客户的忠诚度？
- 你如何挖掘更多可带来利润的客户？

- 谁最有可能是你的潜在客户?
- 为发现新的销售机会，或更好服务于客户，你想了解客户哪些方面的信息?
- 最优方法将会怎么做?
- 如果你能够预测，会预测何事，何时预测?

可以利用众所周知的头脑风暴技术进行头脑风暴，这些技术如下：

- 提名小组法
- 直接头脑风暴法
- 引导式头脑风暴法
- 思维导图法
- 聚合通过法
- 质疑头脑风暴法

利用最有效的技术或技巧，同团队一起参与头脑风暴。

案例：明确分析解决方案

图 5.3 展示了经过头脑风暴会议，确定价值链的两个步骤。图中我们只利用部分分析应用程序，也就是战略类、管理类和运营类来加以说明。读者既可以适当压缩，也可以扩展头脑风暴的讨论范围。

	采矿	加工与选矿
战略类	• 整体战略规划优化	
管理类	• 战术性综合规划优化 • 矿山开发规划优化 • 矿井优化设计 • 地质统计学建模 • 灾难恢复规划优化 • 驾驶舱操作培训 • 装载与运输优化 • 开采效率优化 • 移动设备机群优化	• 研磨优化 • 粉碎和筛选优化 • 选矿流程优化
运营类	• 运营调度优化 • 地质统计学矿体模型调节优化 • 装载和运输调度优化	

图 5.3　分析法解决方案

第 4 步：描述分析解决方案条件

头脑风暴提出了经过充分讨论的分析解决方案，接下来详述每种思路，对潜在解决方案核心要素进行小结，也就是对每种思路做简明扼要的解释说明。这些关键要素包括以下内容：

● 描述：总结说明潜在解析解决方案。

● 解决问题：罗列一份问题清单。总结部分能够为解决问题提供最好的思路。

● 数据来源：最初想法，或解决方案所要求的数据源。

● 分析技术：解决方案最初采用的分析技术。

● 对价值链的影响：初步总结潜在定性和定量业务对价值链的影响。

案例：分析解决方案描述

当你着手充实最初想法，使之具体化的时候，自然而然地会将原解决方案的某些内容进行合并或删减，如图 5.4 和图 5.5 所示。

整体战略规划优化

● 分析应用类型

战略性分析

● 描述

利用现有资产实现价值最大化的优化工作，包括矿山规划、移动设备选矿、运输和相关日常维护。

● 解决问题

1. 我们应当把全球库存定位在哪里，才能成本最小化并快速响应客户需求？
2. 增设双轨铁路较之铺设单轨铁路而增加的投资，能否给全球需求链网络带来巨大红利？
3. 目前，我们关于需求链的最佳设计是什么？五年内是什么样？
4. 新矿井最佳的轨道设计是什么？
5. 我们需要建立或者采购什么来解决最大转矩电流比问题？

● 数据源

开采计划、传感器设备、制造执行系统性能、运输计划、设备维护计划、成本核算

● 分析技术

1. 预测分析
2. 优化：多目标优化

- 对价值链的影响

  优化现存资产减少固定资产投入，预测投入新资产的最佳时机。
- 基本价值原则定位
  1. 首要原则：卓越运营
  2. 次要原则：不适用

图 5.4　战略分析解决方案描述

移动设备机群优化

- 分析应用类型

  管理分析
- 描述

  移动设备投入、利用率、配置的优化
- 解决问题
  1. 应该如何配置全部设备以优化供应链，从而实现企业生产和质量目标?
  2. 关闭一个矿井的时候，其他矿井应该如何调配钻探设备?
  3. 铁矿床构造不同于预期时，应如何重新配置其他矿井的爆破装置?
  4. 当一座矿储备质量低于预期时，我们应当怎么处理?
  5. 该矿应该如何配置设备以优化需求链，从而实现生产和质量目标?
  6. 关闭该矿的时候，应该如何处置钻探设备?
  7. 铁矿床构造不同于预期时，应如何重新配置该矿的爆破装置?
- 数据源

  传感器设备、设施区位、生产计划、运输计划和制造执行系统性能
- 分析技术
  1. 预测分析
  2. 优化：多目标优化
- 对价值链的影响

  减少固定资产投入

- 基本价值原则定位
  1. 首要原则：卓越运营
  2. 次要原则：不适用

图 5.5　管理分析解决方案描述

参见矿业公司实例，我们对价值链中的不同业务，通过 22 个步骤，能够提出 45 项独特的可能分析解决方案。

第 5 步：创建决策模型

与进度安排或预算编制比较，大多数企业会更擅长制定潜在分析解决方案。因此，企业创建分析路径图，必须就解决方案的优先顺序达成一致意见。按照各种决策标准，利用简单决策模型，企业以及利益相关者可以达成共识。

案例：评估标准

构建简单决策模型，建立评估标准，可以评价潜在分析解决方案的优劣。严格量化评估标准，定性和定量标准相结合，往往评价效果更佳。赋予每个标准权重，体现区别于其他标准的对整体决策的重要性，见表 5.1。

表 5.1　评价标准

评价标准	评价标准说明	权重
商业价值拟合度	问题解决的相关商业价值	35%
企业需求拟合度	复杂性、不确定性和业务流程间相互关系的相对水平	20%

续前表

评价标准	评价标准说明	权重
价值原则拟合度	价值原则的相对拟合程度	15%
技术拟合度	员工解决问题的能力和相关工具	15%
数据拟合度	数据的相对可得性	10%
适用性拟合度	相对需求和解决方案的利用率	5%

如表 5.1 所示评估标准实例，这家矿业公司高度重视潜在的投资回收率分析解决方案，不太重视数据可用性，因为它有能力生成并获取新数据。其他组织的权衡标准或许不同。

案例：评价标准

接下来的任务是设定评价标准，以实现潜在分析解决方案中评分的一致性。表 5.2 说明如何设定定性标准。定量标准通常是基于差距的评分。由于矿业公司执行一项正式企划时，不愿以投资回收率作硬性指标，而致使整个优化过程放缓，因此这时它选择了体现企业价值的定性标准。

表 5.2　　　　评分标准

分数	企业价值拟合度	行业需求拟合度	价值原则拟合度	技术拟合度	数据拟合度	适用性拟合度
1	没有成本或回报、吞吐量或恢复驱动力	清晰的解决方案处理众所周知的问题	最适合三级驱动力的满足因素	未知	大多数的未知数据源	

续前表

分数	企业价值拟合度	行业需求拟合度	价值原则拟合度	技术拟合度	数据拟合度	适用性拟合度
2	重要投入、吞吐量或恢复能力			对行业知识或技法的了解	部分未知数据源	战略
3		高度复杂性和众多变量	次要动力的满足因素	可用软件工具	大多数已知数据源	管理
4	高吞吐量或恢复能力	高度不确定性决策	最适合首要驱动力的满足因素	可用图书工具	已知或可识别的数据源	
5	高风险/回报（吞吐量、恢复或成本）能力	高度权衡处理相互关系	首要和次要动力的满足因素	无须升级换代的可用软件	已知或可用数据源操作	运营

第 6 步：评价分析解决方案条件

建立评价标准，与利益相关者共同为分析解决方案的各项条件打分。打分过程既可以集中完成，也可以分散打分最后进行集中汇总。

案例：决策模型评分

在这一步，根据权重标准确定每项潜在解决方案的加权得分。按照潜在解决方案的加权分数排序，见表 5.3。

表 5.3　决策模型评分

机会	企业价值拟合度	行业需求拟合度	价值原则拟合度	技术拟合度	数据拟合度	适应性拟合度	总权重得分
研磨作业优化	5	5	5	2	5	5	4.55
资产维护优化	4	5	5	4	5	5	4.5
库存管理优化	5	3	3	4	4	5	4.05
短期开采计划优化	4	4	5	2	5	5	4
资产投资优化	4	3	4	4	4	5	3.85
资本资产投资组合优化	4	5	5	2	3	2	3.85
移动设备机群优化	4	3	5	2	5	5	3.8
勘探和初期开发组合优化	5	4	4	1	4	2	3.8
内向物流优化	3	5	4	4	4	2	3.75
粉碎和滤色建模	4	3	4	2	5	5	3.65
销售计划优化	3	4	4	4	4	3	3.6
作业人员优化	3	5	2	4	5	3	3.6
整体规划优化	2	5	5	5	2	2	3.5
地理统计建模	4	3	3	2	5	5	3.5

续前表

机会	企业价值拟合度	行业需求拟合度	价值原则拟合度	技术拟合度	数据拟合度	适应性拟合度	总权重得分
模拟交易	5	2	3	4	2	2	3.5
选矿流程优化	3	4	5	1	5	5	3.5
矿山服务年限优化	3	5	5	1	4	2	3.45
情景规划优化	3	5	4	2	4	2	3.45

由于利益相关者达成共识，接下来就可以考虑预算和进度安排，可以采用的方法有：

- “自上而下法”：管理层制定预算和进度安排。例如，为期三年的 1 000 万美元预算。
- “自下而上法”：每项潜在解决方案都要被审核，并且都要制定进度安排和整体预算。
- “自上而下”与“自下而上”结合法：制定最大预算和时间进度安排，潜在解决方案与预算和时间进度成为一体。

范例：日常作业情景设定

你可以以多种方式来明确潜在项目，这需要付出时间和精力来完成。相对高效的方法是对项目的日常作业情景进行设定，描述每个潜在解决方案的最具代表性的事件。这种方法可以全面界定项目所涉及内容，便于对项目进行评估，具体见图 5.6a 至图 5.6c。

铁路优化

1.1　方案：产量最大化

1.1.1　现状

铁路运营是优化的瓶颈，价格高企，每增加一部分额外产量，都必须有更多的资本投入，也才会带来更多收益。

1.1.2　问题

铁路运营特别依赖于相关的大量业务活动，是生产和混匀过程中不可分割的部分。铁路是高度密集型资本，新建铁路需要很长的前置期。客户需要优化当前资本的解决方案。

1.1.3　决议

该解决方案是一个整体规划工具，协助规划者做出复杂、多目标的权衡性决策。制定最佳铁路运输计划，进而增加企业利润。这项铁路计划不仅会优化铁矿石产量，也会优化资产利用率。

1.1.4　方案描述：产量最大化

铁路运营往往是快速增长的一体化运营的瓶颈，对需求驱动的矿业公司而言，成功的关键是优化产量。通过额外采购，可增加铁路运营附加量。铁路运营的总体约束包括：

- 矿山的装卸点，即装载地点和运输口岸（即目的地）
- 基础运营设施，即单线铁路、通行车道等
- 可用的人力资源
- 口岸或矿石混匀要求
- 养护要求——计划内与计划外

图 5.6a　日常作业情景设定

充分利用铁路基础设施的最大容量满足生产计划，这是铁路运营的目标，包括载重吨位、质量和安全注意事项。

作业过程中的关键制约因素包括：

- 装运点的产品可得性

- 装卸港口卡车的可得性
- 通行车道的可用性
- 铁路资产的预防性维修维护
- 司机/运营商的可得性
- 生产地与目的地库存容量限制
- 运输前产品组合安排

多目标铁路运输产量优化程序：

- 将等待经过火车的时间缩至最短
- 最大限度地减少周转时间
- 最大限度地减少装卸时间
- 最大限度地减少停机检修时间
- 最小化所需的卡车数量
- 最大化每辆倾卸车负载
- 最大化编组负载

铁路低效运营将造成重大经济损失，每次都相当于几百万美元的损失。

铁路优化包括几个关键系统：

- 固定资产维护
- 作业计划
- 采矿生产库存
- 目的地港口库存作业

主要的利益相关业务过程包括：操作、矿业生产、港口作业、资产维护、营销和销售。

优化铁路运营的结果：

- 增加收入
- 减少或推迟资本投入
- 减少维护成本
- 减少运营成本

- 增加安全性
- 减少碳排放量
- 减少原材料物流的总成本（TTM）

总之，这种情景下需要回答的关于解决方案的关键业务问题有：

- 我们的确要投入资本吗？
- 我们应该购买哪种类型的机车和矿石车，才能实现产量最大化并最节省成本？
- 哪种机车适合我们（2 型机车和 3 型机车相比较而言）？
- 我们的维修策略效果如何？
- 如何正确配置资源实现生产目标和产量最大化？

图 5.6b　日常作业情景设定

- 在哪些方面集中精力能够打破瓶颈？
- 配置机车的最佳方案是什么？
- 确保产量的最小库存量是多少？
- 混匀成本多大？
- 利用现有设备，我们如何最大化运输量，每周期的运输频次和吨位如何？
- 如何实现不同矿井点之间铁路运输的平衡优化？
- 理想运输车队规模多大？
- 运输车队的最佳方案是什么？
- 优化设计的最佳应用是什么？

1.1.5　关键业务需求

约束条件包括：

- 储备能力
- 资源容量
- 火车的最大负荷
- 每个生产地和目的地可用的卡车数量

- 目标产品组合
- 铁路运营时间最大化

解决方案提供了以下研究结论：

- 时序优化节点和组成部分的铁路运输计划
- 铁路运营商计划，包括所需调整的运营商数量
- 优化范围内每座矿井的产品组合安排
- 运输设备维修计划
- 跟踪维护计划

1.1.6　想要的结果

在目前战略实物资产约束条件下，制定 3～6 个月铁路运营优化计划。

图 5.6c　日常作业情景设定

下面是一份每一个场景需要解决的问题的清单：

- 研究范围是什么：整体业务的情况、问题和决议的情景？
- 情景目标是什么？
- 业务问题是什么？
- 现有条件、约束和依赖性分别是什么？
- 适用的业务规则是什么？
- 可能启动的备选方案是什么？
- 重大业务影响是什么？
- 整合点是什么？
- 主要利益相关者是谁？
- 受到情节影响的内外部利益相关者有哪些？
- 经济和运营效益是什么？

第 7 步：建立分析路径图

鉴于预算和时间约束，根据高级分析解决方案，可以草拟每个潜在解决方案项目概算和进度安排。

案例：项目概算

表 5.4 是本章矿业项目概算实例。

表 5.4 项目概算表

机会	总权重得分	预算（美元）	预计时间进度
研磨作业优化	4.55	500 000	9
资产维护优化	4.5	1 000 000	18
库存管理优化	4.05	250 000	3
短期开采计划优化	4	350 000	4
资产投资优化	3.85	200 000	2
固定资产投资组合优化	3.85	150 000	2
移动设备机群优化	3.8	1 700 000	24
勘探和初期开发组合优化	3.8	400 000	9

案例：分析解决方案路径图

以 3 年 300 万美元预算为例说明：因为前六项优先级最高，在 300 万美元预算内，总计 245 万美元，所以表 5.5 选择前六项构建分析路径图。而移动设备机群优化是次级优先，此项增加 170 万美元投入，超出预算，所以被淘汰。余下两项也是同样情况。但是由于粉碎和滤色建模稍稍超过一点点预算，经讨论决定将其列入可优化项目。据此，设定企业分析路径图，如表 5.5 所示。

表 5.5 分析解决方案路径图

分析解决方案	预算（美元）	Q_1	Q_2	Q_3	Q_4	Q_1	Q_2
研磨作业优化	500 000	9 个月					
资产维护优化	1 000 000	18 个月					
库存管理优化	250 000			3 个月			
短期开采计划优化	350 000				4 个月		
资产投资优化	200 000		2 个月				
固定资产投资组合优化	150 000					2 个月	
勘探和初期开发组合优化	400 000				9 个月	9 个月	9 个月
粉碎和界面建模	175 000						2 个月
总预算	3 025 000						

以上是筛选潜在分析解决方案项目的一种方法。另一种方法是螺旋型方法，在首期成效基础上，将上一项分析结果作为任务输入下一阶段分析当中，不断缩小项目范围。利用这种方法，可以启动和完成更多的项目，对企业更快产生影响，并且吸取更多经验教训。

第 8 步：完善分析路径图

分析路径图是一份不断完善的企划蓝图，利用分析作为战略杠杆，不断提高企业价值和影响力。要实现分析路径图的可持续性，就必须不断地定期进行修订和更新。执行力超强、快速成长的企业，要加快发展速度，就更需要频繁地更新分析路径图。为了适应市场变化需求而不断更新分析路径图，这可能会影响路径图。科学技术日新月异，这些变化或许在某种程度上会影响分析路径图的可行性。在分析路径图中应形成一个闭合的改变过程，确保新增小组成员分享更新内容，使得每位成员完全掌握路径图现状。

在分析路径图中，每个项目都应设定既定目标。测量真实绩效和业务影响是项目执行的组成部分，要不断将测量结果与既定目标进行比较，直到超越或实现目标。生产应用分析法后，应当确定新的目标，以促进持续改进。对于任何失败，应当执行全面分析项目找到失败原因，从中吸取经验教训，在今后项目中规避同样的错误。

总结

构建独特的分析路径图，可以遵循以下步骤：

第一步　确定企业核心目标；

第二步　定义价值链；

第三步　头脑风暴分析解决方案；

第四步　描述分析解决方案条件；

第五步　创建决策模型；

第六步　评估分析解决方案条件；

第七步　构建分析路径图；

第八步　在情景中持续完善分析路径图。

第六章

分析应用

概述

分析涉及的内容非常广泛，如图 6.1 所示。企业分析的分类有多个标准。本章介绍企业对分析应用的各种基本要求，此外探讨这些要求如何影响企业对分析工具和方法的选择。本章一个关键的前提是，能够放之四海而皆准、满足每类分析要求的方法是不存在的！因此，全面促进分析决策的核心问题是：我们应当如何处理分析结果？

我们可以把企业分析应用归为 5 类：

- 战略分析——高层管理人员
- 管理分析——职能部门管理人员
- 运作分析——业务过程分析
- 学科化分析——不断引入前沿分析知识

● 面向客户分析——终端消费者分析

下文中我们将结合实例更为详细地阐述每类分析应用情况。

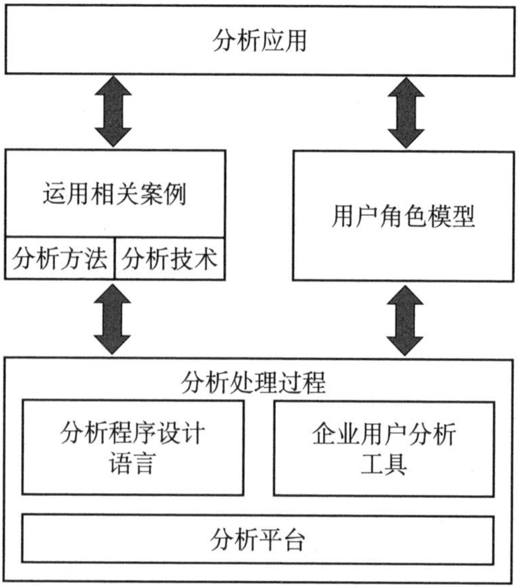

图 6.1 现代分析法框架图

战略分析

战略分析支持企业高层管理决策需求，即“最高管理层”通过分析来解决战略问题和难题。

什么是战略问题？战略问题具有四大特征：第一，高风险而且正确决策对企业影响巨大；第二，现有政策无法解决战略问题，没有成规使得决策低效；第三，战略问题往往具有不可重复性，大多数情况下，对于一个战略问题，企业只解决一次，从不会重复第二次；第四，企业领导没有达成明确共识，从而制定出最佳解决方案，管理职能部门对关键因素有分歧（没有分歧，就没有分析的必要）。

如下是一些战略问题：

- 是否应该继续向不景气的行业投资？
- 一项收购提议会对我们的企业产生什么影响？
- 明年的经济预期如何？对我们的销售会产生什么影响？
- 我们最畅销的 SUV 出现多起翻车事故的原因是什么？

因为高管层会依据战略分析结果来达成共识，所以衡量分析价值的高低，更取决于分析信度和分析人员所取得的成绩，而不是方法精确度或假设完美程度。分析人员独立性是非常关键的，尤其是分析人员提供的分析结果能否消除管理部门间的分歧。时不我待，速度至关重要。

目前，企业存在的问题在于认为分析只是“一次性”事务，而不是经常性事务，其他公司可能也面临类似情况。这使得外部分析咨询师与内部咨询师相比，身价倍增。此外，解决战略性问题的数据，往往不易取得，这些数据也可能源于企业外部。

所有这些原因，如独立性、可信度、取得的成就、紧迫性和外部数据，导致企业往往信赖外部分析咨询师进行战略分析。然而，分析管理层会建立企业内部的战略分析团队，在传统功能库以外运行。接下来，我们介绍一些常见的分析应用程序和技术。

专项分析

企业投入大量的时间和精力，努力开展专项分析。专项分析应用于获取与特定问题相关的新数据，及进行相对简单的分析，如合并表格、日期汇总、简单计算统计、图表绘制准备等等。

专项分析不遵循标准的商业情报惯例，所以软件业分析专家常常发现，这种做法非常令人费解。基于数据仓库的现代商业情报系统，能够高效处理简单决策问题，在功能范围内的历史数据基础上，具有可操作性，能够重复运行。而传统商业情报系统根本不适合或处理不了不可重复的问题，只能将问题提交给管理层处理。专项分析能够填补传统系统的处理能力与高管分析需求间的差距。

成功的专项分析，需要具备各类分析人才。这类工作更能吸引有能力、经验丰富的分析人才，其在压力之下仍旧能够快速准确地工作。专项分析人才的背景更折中，例如一家领先的保险公司，拥有一支战略分析团队，团队成员有人类学家、经济学家、流行病学家和一位经验非常丰富的索赔专家。

成功的战略专项分析专家，挖掘分析领域、商务和组织的专业人才，使其获得工作上的公信力。最为重要是，成功的分析专家对数据持怀疑态度，然后表现出必需的内驱力，再主动寻求答案。这通常意味着艰巨的工作，如使用编程工具，细化数据找到问题的根本原因。

成功的团队运作，并不符合 IT 企业常规生产标准。这些标准对于专项分析既没有必要，也不适用，而灵活性和敏捷性则是成功的关键。成功的企业认识到这一点，给予分析专家一定的组织和处理数据的自由度。

不同的战略分析工具，往往反映出多种多样的分析背景。战略分析专家使用 SQL、统计分析系统或 R 语言进行分析处理工作，用标准办公应用测试工具发布分析结果。据我们了解，最好的策略分析专家使用 SQL 和 Excel 软件。因为战略分析团队规模小，使用一套独立的分析工具没什么价值。此外，大多数分析专家都想用最好的分析工具来工作，他们更喜欢充分利用小工具解决单个问题。

对战略分析团队而言，无论数据是何种格式、来自何种数据源，最重要的常规要求就是迅速获取和整理数据。而对许多企业来说，这就意味着利用 SAS。数量惊人的分析团队使用 SAS 获得和整理数据，而实际分析工作则使用其他工具。然而，日益增长的数据量，对传统 SAS 结构的性能是一个挑战。所以分析团队更多关注数据库设备供应商，像 IBM、Teradata、Pivotal 或 Hadoop。

战略性市场细分分析

市场细分既是企业高层战略目标，也是一套支持战略决策规划的分析技术，二者极易混淆。企业能够将分析技术应用于战术性目标营销，这种情况下分析技术的服务对象是初级管理人员。市场细分战略分析的服务对象是首席营销官（CMO）和其他高管。

企业开发出新产品后会进行市场细分，之后进入新市场，或在饱和市场重新设计产品系列。通过将一个更广阔的市场划分为消费需求不同，或者沟通习惯不同的消费群体，企业明确能更有效地解决客户问题的方法，建立客户忠诚度。

在多数情况下，战略分析市场细分的目标是确定进入潜在市场的更好方式。细分市场分析通常包括市场调研或者通过二手资料获得外部数据。外部分析咨询公司易于完成这项工作，因为市场细分分析专业人员能够提供可信的市场细分分析结果，这项工作很少由内部分析团队来完成。

计量经济预测

许多企业从评估规划周期内的经济形势出发，着手制定定期规划和编制预算。高层管理人员主要利用计量经济的方法进行基本预测，如经济增长、通货膨胀、汇率变动等，而不是毫无根据地猜测未来经济发展趋势。

计量经济学家利用高等数学、统计学和高级计算机知识构建复杂经济模型，运用这些模型做出关键举措的预测。因为构建这些模型成本非常高，所以只有大型企业才构建自己的计量经济模型。相反，大多数企业订购其他企业的预测分析成果，如 HIS Global Insight 公司，再利用分析法将购得的经济指标与关键举措建立起联系。

商业模拟

计量经济学模型利用高等数学构建大型的复杂系统。这些方法用于预测决策措施与关键经济指标的一致性，非常有效。例如，全国连锁百货商店可能会发现，其零售额与总家庭消费支出预测非常一致。

计量经济学对整体参数的点估计预测法，对战略规划非常有用，但是在许多情况下，管理层更关心可能的结果范围，不仅仅是预测而已。管理人员可能关注某些明确的业务过程（比如制造业操作）或资产组合（如保险政策或投资组合指南）。这些情境中，商业模拟是一种有效的应用程序。

商业模拟对现实世界系统按照时间序列进行数学描述。商业模拟取决于数学模型的初始构架，从构架中可以发现选定系统或过程的主要特征或行为。模型反映系统模拟运行过程，模拟则反映的是按照时间序列，在给定假设条件下系统的运行状况。

管理者可以不断变更假设条件，因此商业模拟软件是极好的假设分析工具。例如，一家人寿保险公司可以在不同假设条件下模拟财务业绩，如不同投保人行为、死亡率、金融市场条件等。经理们利用模拟结果，决定是否进入某一行业、争取其他的投保人、做出再保险组合决策，或者做出其他战略决策。

Northern Trust 是一家全球性金融机构，总部设在伊利诺伊州的芝加哥市。它利用 Monte Carlo 模拟软件评估经营风险。据美国联邦法律和国际标准，风险评估是高度透明的工作；高层管理人员依据分析结果，制定资产质量政策和投资组合策略。风险评估专家利用 Revolution R Enterprise 软件（一种开源 R 语言商业流通软件），模拟泛在的经济情景下的财务业绩。分析专家模拟每种经济条件下的财务业绩情况，进行数以百万次的迭代。

管理分析

分析应用能够满足中层管理人员关注特定职能的需要，如：

- 现金管理的最佳方式是什么？
- 是否按照预期方案执行了 XYZ 产品计划？
- 营销计划是否有效？

- 我们对零售商最佳的销售机会在哪里？

专业分析功能和运营条件的术语都不同，如仓储定位分析、营销组合分析、新产品预测分析等。我们可以把管理问题划分为三大类：

- 测定现存实体绩效，如产品、计划、存货、工厂等；
- 优化现存实体绩效；
- 规划和开发新的实体。

企业商业智能（business intelligence，BI）系统最佳的分析点，是根据统计报告、控制面板、所有可得数据，来测量现存实体绩效。如果已知数据及时可信、统计报告便于利用，BI系统就非常有效，该系统能够体现有效的评估框架。这就意味着这些指标（如业务活动、收入、成本和利润）能够反映业务函数目标，赋予实体可比性。

部门内部的分析团队投入大量时间，就营销、承销、仓储运行等方面，给管理人员准备日常报告。例如，一位保险客户，要求评估100多位SAS用户的实际工作量。这位客户非常惊讶地获知，其实很容易就可以从Cognos公司的SAS统计报告中复制到这些数据。

在某些情况下，统计报告会消耗分析专家大量时间和精力。如果有必要的人才和工具，有些问题很容易解决，企业却往往缺乏这方面的投入。当然，根本原因常常在于缺乏统一的衡量标准。缺乏衡量标准的企业，评估过程无序、混乱，每项计划及产品的负责人都各自为政，提交彰显自己计划或产品优势的统计报告。这种情况下，每项计划或产品的负责人都是赢家，而管理分析结果则无信度可言。对这类问题并没有技术性的解决方式，需要由管理层设定明确的企业目标，构建统一评估框架。

部门分析专家经常抱怨他们花费大量时间准备日常统计报告，很少或根本没有时间来分析优化现存实体的绩效。优化技术不应当处于从属地位，但是企业采纳管理分析结果总是反应迟缓。优化管理决策工具问世十多年来，应用却十分有限。原因在于：

- 首先，企业陷入“专项”分析结论的陷阱，从未记录所需的历史数据，也未做任何优化；
- 其次，管理层面往往对自己的经营决策价值过于乐观，对利用系统、优化指标决策来取代直觉判断，会产生抵触心理；
- 最后，在诸如市场营销组合决策等领域，约束性优化必然意味着在现有资源条件下，选择一个实体而不是另外一个实体，这就是传统固有的领导决策。

规划和开发新实体，如计划、产品或仓储，通常需要企业外部信息，可能会用到现有分析人员所不具备的技能。

鉴于此，企业常把分析工作外包给供应商，以获得相关技能和数据。对内部分析专家，技术要求很高（如战略分析）：

具备快速处理来自任何数据源的数据的能力，能迅速适应程序设计环境，具备解决多种通用分析问题的能力。

市场营销归因分析是一个很好的管理分析范例。归因分析利用历史数据和现代分析法，把客户的购买行为与市场营销计划和曝光率联系起来。在电子商务和数字营销爆炸时代到来之前，商务活动更为简单，营销人员只靠媒体市场的总体分析，就能够评价广告影响的大小。随着营销组合转向数字媒体，营销人员根据个体消费者属性模型，来衡量营销计划和客户沟通的有效性。归因分析法能够节省资金，增加每项营销活动的收益，定制客户与企业的关系。

运营分析

本小节讨论运营分析，可以将其定义为提高效率或效用的业务分析。管理和运营分析之间的差别是微妙的，一般可以归结为整体分析层面和频率分析层面。例如，首席营销官对所有营销方案绩效和投资回报率感兴趣，但不太可能对任何运营过程细节感兴趣。项目经理则更关注运营细节，并不关注其他项目绩效。

整合层次和频率的差异，决定了不同类型的定性分析法。首席营销官通常对项目的存续感兴趣：如果有效率将继续资助，相反则取消。此类问题特别适合将固定年收益率和投资回报率作为评价标准，利用商业智能面板控制系统来进行分析。另一方面，项目经理对其他一些评价标准兴趣颇高。这些标准不拘泥于简单地对程序执行分析，而主要专注于执行状况生成的原因分析及如何改善。此外，在此案例中，项目经理深度介入经营决策，如目标群体选择、营销信息配置、处理异常反应、交付时间和预算管理。这是运营分析所涉及的业务范围。

该阶段往往会出现特定领域的问题，各领域的分析专家工作高度专业化。所以，搜索引擎优化专家不适合进行信用风险分析。这与使用哪种分析方法无关，类似通过商业规则的问题，而与规则使用的语言和术语，以及特定领域的技术和监督管理问题关系更紧密。生物统计学家必须了解常见的医疗数据格式，了解健康保险流通和责任法案（HIPAA）的相关规定。进行消费信贷风险分析，必须了解费尔艾克公司的信用评分模型（FICO），FISERV 公司的数据格式，以及公平信用报告法案（FCRA）。每种情况下，分析专家都必须深入了解业务过程，因为这是优选分析项目、找出改进机会的必要条件。

1. 应用决策系统通过更好的规模决策来支持业务过程。例如，增加反映客户需求的渠道或信用卡交易系统。这些程序遵循统一的数据导向规则，平衡风险与回报率，以改善业务流程。这种嵌入系统式分析法，有助于企业优化“宽松”和“紧缩”标准的权衡，确保决策标准最能够反映实际情况。

2. 通过自动生成参考信息，目标市场系统和路径选择系统可提高交易处理速度。例如文本处理系统，能读取每封接收到的电子邮件中的信息，发送给相应客服专家。分析导向的决策系统，比人为决策更快捷、更协调地执行分析任务。不管第一类中应用的决策系统，推荐分类条件“是”或者“否”，“批准”还是“拒绝”，目标系统在一系列交易中，都会选择大量备选路径。通过这种系统的应用，可以提高企业生产力、减少生产时间。例如，企业无须团队专门阅读每一封邮件，再发送给相应专家。分析法的应用使企业有可能利用这些系统。

3. 运营预报系统设计影响运营的关键指标。此系统利用预测仓储量来及时满足客户需求，实现更有效的运营。这又说明，分析法的应用使企业有可能利用此类系统。从理论上讲，没有分析预测的构成部分，也可以构建运营系统。但是，这是建立在主观臆测基础上的运作管理，与前两个应用程序有所不同，运营预测系统通常利用综合数据，而不是原始数据。

从内外部运营数据源中迅速获取和整理数据，是至关重要的。因为这是一种重要能力，即能够将报告发布到全面报告系统以及商业智能演示系统之中的一种能力。

预测分析的核心要求是应用能力。分析专家必须能够发布预测模型，以预测模型标记语言（Predictive Model Markup Language，PMML）文件形式发布，或者选择利用可执行代码的编程语言。

科学性分析

前述部分关于战略方面、管理方面和运营方面的各类分析法，是各级管理人员分析决策的依据。本节围绕科学性分析，要实现一个完全不同的分析目标：创造新知识。

科学知识可以划分为截然不同的两类。公共知识是可以免费获得的，由高校和政府提供。私有知识则不同，它是受知识产权法律保护的产权，是由私人投资、以产品开发为目的的知识。成功的知识产权具有高收益率，产权分析投资占总分析投入的比重很大，比如生物技术、制药和临床研究方面的产权。

科学性分析专家高度关注的是，所使用的分析方法能够经受来自同行的审查，这种忧虑往往会推动他们对技术的选择。比起预测而言，他们也往往更关心引起异议的原因；这与其他商业应用形成了鲜明对比，后者主要关注准确的预测。

纽约州立大学布法罗分校是处于世界领先地位的多发性硬化症（MS）研究中心所在地。纽约州立大学布法罗团队利用MS患者的基因组数据，来确定基因变异对可能患上MS风险的影响。某一基因产物不仅同其他基因产物相互作用，而且同环境因素相互作用才可能致病。因此，团队对相互作用的基因组合研究非常感兴趣。

研究中使用了海量基因组数据，研究人员正在探寻成千上万基因与环境因素的相互作用，所以分析计算特别复杂。由于组合爆炸的原因，必须要测算万亿个可能的影响因素。纽约州立大学布法罗团队利用 Revolution R Enterprise 和 IBM Pure Data System，简化和加速了这项极其复杂的大数据分析应用工作。

直面客户分析

因为没有更好的表达方式，我们把最后一种分析法定义为直面客户分析。这种分析，通过解决终端消费的问题来区分产品。

如前所述，各级管理者出于各种原因，常常利用外部供应商来满足分析工作需要。然而，供应商通常采用的分析方法和技术，和内部分析团队的完全一样。当外部分析咨询员所做工作和内部员工一样时，我们不认为这种分析形式具有本质差别。

直面客户分析把可替代产品与创造独具市场价值的产品区分开来。直面客户分析可以分为三类：

- 预测服务
- 分析应用
- 客户分析

下面，我们逐一讨论每种预测类型。

预测服务

对传统分析咨询服务而言，“产品”销售和交付就是分析计划。定价取决于完成项目所需的咨询时间和资源消耗的时间价值。就预测服务而言，销售和交付给客户的产品是预测结论，而不是分析计划，定价取决于预测服务数量。信用评分是常见的预测服务，但也有许多其他服务，如销售预测、营销预测、人力资源和保险承保预测。

企业要满足分析需求，既可以内部开发预测模型，也可从外部购买预测模型。从技术角度而言，预测模型的性能可能是相同的。然而，外部预测服务是一种完全不同于内部开发模型的服务方式。外部开发人员将预测模型成本摊销到许多交易当中，因而预测服务使小企业也能够从中受益，为它们提供了更广阔的市场。预测服务供应商也能够实现规模经济，而且常常有访问数据源的权限，而企业没有必要有此类权限。

分析应用

分析应用是预测服务内容的延伸。分析应用是数据导向型的业务预测应用，支持整体或部分业务过程，例如：

- 抵押贷款申请决策系统，即贷款申请人偏好预测
- 保险承保系统，即保险政策的预期损失预测
- 欺诈案例管理系统，即特殊索赔或索赔欺诈可能性预测

开发人员常利用“刀片和剃刀”战略销售和交付这些程序。应用程序价格固定，而且开发人员与买方签订长期预测服务合同。

Origin Programmatic Marketing Hub 作为［x+1］平台的品牌，旨在使品牌数字营销更高效和更贴近消费者。这一平台播放商业广告，如数据管理工具、选择决策工具、电子标签管理工具、移动广告工具。

［x+1］平台的核心是一个被称为预测优化引擎（Predictive Optimization Engine，POE™）的集中决策引擎。它基于 Revolution R Enterprise 软件，同时利用大数据管理框架下的自营和第三方数据，经由渠道瞄准目标群体，特别定制网站信息和实时访客量。

客户分析

前面两类分析产品很相似，都提供战略分析、管理分析和运营分析，但是侧重点各有不同。第三类消费者分析与其他完全不同，能够为企业带来最大的潜在收益。消费者分析通过解决消费者问题，以这种有益的方式来区分企业产品：

- 消费者搜寻信息的问题。谷歌搜索引擎能大规模挖掘文本，可解决此类问题。
- 消费者搜索愿意观看的电影的问题。Netflix 公司的推荐引擎可解决此类问题。

以上所举例子及其他相似产品，包括 Facebook 公司的新闻摘要引擎、Match. com 的匹配算法，利用机器学习技术来直接服务于客户。这些公司通过网站流量、产品销售或其他非常具有竞争力的方式来满足客户需求，从而间接受益。

总结

本章针对分析需求者所承担业务职责，介绍了不同的分析方法。讨论分析需求者的职责影响分析项目的主要特征，包括项目的及时性、重复性，以及这些特征如何影响分析工具和分析方法的选择。

正如第一章中提到的，每个分析项目启动时必须提出问题：分析的服务对象是谁？我们将如何处理分析结论？

第七章

案例分析

概述

前述章节根据分析结论对企业起到的不同作用，概括介绍了主要的分析应用类型。本章从不同的视角，结合通用案例对分析法进行分类。这些案例具有共同的目标、执行者、分析方法和技术，参见图 7.1。在这种情况下，我们讨论分析应用的范围和节奏，也就是需要去更迅速地解决更广泛的难题。

在系统和软件工程中，用例（use case）是描述实现目标必要的步骤，理解分析用例是企业寻求确立分析架构的成功要素。

分析用例和应用之间存在多对多关联性。商务应用，如针对性营销和信贷风险分析，即预测用例的典型；而针对性营销应用分析过程，就可能包含其他用例，如市场细分和函数图表分析。

即便各种用例模型可能支持不同业务领域的分析活动，用例模型仍然是由分析专家共享、描述整个企业分析应用过程的一种便利方法。

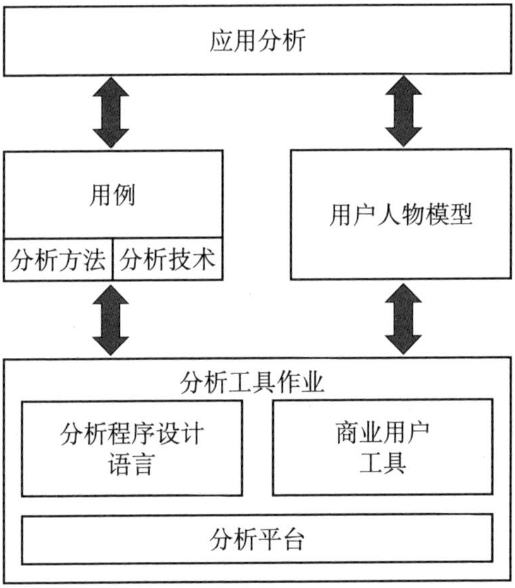

图 7.1　现代分析框架

表 7.1 展示了分析法应用实例和前述章节讨论的分析应用分类。如果分析方法存在明显不同，就要注意用例之间的差别。虽然下文将介绍的解释和预测用例共享了许多技术，但是它们具有完全不同的目标和输出结果。

表 7.1　实例与应用

用例	应用 战略分析	管理分析	运营分析	科学性分析	直面客户分析
预测	重灾风险分析	营销活动规划	信用评分	副作用预测	运动赔率
解释	市场组合分析	营销贡献率分析	缺陷原因分析	基因特征分析	信用度下降原因分析
预报	战略规划	年度预算	人才储备优化	气候预报	
文本挖掘和文件处理		内容管理	入站电子邮件路由	抄袭检测	文献检索
市场细分	战略性市场细分	战术性市场细分		心理研究	
联系		购物篮分析	匹配		推荐系统
相关异常值检测			网络威胁检测		
函数图像或网络分析		社会网络分析	欺诈检测	犯罪学分析	社交匹配系统
模拟	业务情景分析	风险价值评估	营销活动模拟	气候模拟	
优化	固定资产优化	营销组合优化	活动报价优化	粒子群优化算法	农业产量优化

分析架构效率和效益取决于对基本程序的理解，因此了解企业分析用例非常重要。应用用例可以共享技术和节省成本。另一方面，不同用例可能要求独特的分析技术和工具。

后续章节将介绍最常见的高级分析用例。第八章“预测分析方法”中将会详尽地描述预测分析用例。

预测用例

在预测用例中，我们应区别建模和模型评分辅助这两种用例。这两部分的目标一致，是预测分析必不可少的组成部分。但是，在企业中模型评分所起作用不同，技术要求也不同。

构建预测模型是分析方法的典型用例，是一系列营销、信用风险管理应用及设定其他更广泛的商业规则的基础。后续章节将详细介绍预测分析方法和技术。

大多数人直觉上认为数据越多，分析结果越有效。然而，在许多情况下，分析人员从较大的数据库中抽样，就可以构建完美的模型。这里有三种具体方法，可以扩大分析数据集，向分析人员提出新问题并提供新机会：

- 更多用例、观察值或行数——分析专家细分人口，构建每个细分部分的具体模型，使得整体预测效果更佳。抽样能够减少大样本抽样误差，提高模型精度。
- 更多变量、特征值或列数——随着信息（数据）价值提高，分析专家通过搜索更多潜在的预测因子和识别变量，能够改善预测模型质量。
- 许多小模型——在此情境中，许多小的演绎环节，构成大的分析问题（例如库存、所持股份或客户）。

这三种类型的问题，对分析专家所需要的分析工具而言有不同的含义。通过消除数据变动、采用类比处理及其他提高模型整体性能的技术，企业可以应对增加的工作量。合奏组建模技术简化了构建子模型组的整体工作。

另一方面，分析专家必须采用降维技术解决柱状扩张问题，如特征值选择或特征值提取，还有处理高维数据的技术。处理大数据集的时候，正规化和阶梯式分段方法使得回归分析法更有效。为保障执行大数据集取得良好效果，分析软件应当允许大型稀疏矩阵运行。

分析专家越来越多地寻求构建大量模型，数量可达成千上万个甚至更多。每个模型可利用相对少量数据，但是整体上所有模型需要的数据集还是非常大的。以下是一些具体用例：

● 一家分析服务供应商，为零售商构建 1 000 多种消费者在库存单位水平上表现出来的“购买倾向偏好”。

● 拥有 3 000 家门店的零售商，旨在为每一位客户提供单个时间序列的预测。

● 信用卡发行方拥有数百万个账户模型，利用个人账户信息来模拟拖欠和违约倾向。

● 投资银行拥有数以百万计的合作终端，试图利用安全业绩历史数据来构建个人行为模型。

就单个模型来说，“许多小模型”和“一个大模型”会用到大量相同的分析技术，而且数据总量可能也是一样的。然而，计算工作量与特征的影响区别很大。个体模型数量巨大时，分析专家不可能构建每个独立的模型；相反，分析专家要构建自动打包生成的模型，以便运行和监控许多并行模型，同时实现整体模型有效性的合理可信。

利用已建模型打分，单独或者批处理计算每个案例的预测值。打分是模型的应用，通常模型高度平行；这意味着，主进程可以给每个工作程序配置并行任务。最终结果，就是简单地将工作程序内容输出进行组合。将预测分析模型嵌入生产数据库，在大规模并行运算过程中，评分是相对容易完成的工作任务。

需要注意一些预测和打分的具体切入点。首先，构建预测模型数据集的规模，与计分数据集之间没有必然联系——在大数据集基础上建模，然后计算实时发生的每项交易的得分，这是完全合理的。反之亦然：分析专家可以构建一个模型样本，然后对大数据进行打分。

其次，分析人员利用一个数据库所构建的预测模型，可以分析来自不同数据库的数据。例如，信用风险分析专家利用企业数据库构建犯罪模型，可以在自适应控制系统内管理信用额度。为实现上述目标，两个数据库模式必须一致；分析数据库可以是生产数据库的子集，但不能超出生产数据库。

再次，预测与决策不同。计分是分析模型对新数据进行简单计算；预测通常需要把初始数据转换成可用形式，然后利用与业务规则结合的预测组合，进行自动决策。例如：

- 犯罪逻辑回归模型利用单个客户数据，分析生成的犯罪概率如果在 0～1 之间的话，客户就会违约。

- 利用历史数据，分析人员确定最初不同分数段的损失量。

- 因此，分析人员提出决策系统的执行规则，即客户提供的最初分数低于 0.3，就可以增加信用额度。

在应用程序和预测建模工具之间，PMML 语言（Predictive Model Markup Language）为我们提供了一个标准界面。而许多企业仍依赖手工编码来完成模型转换，如 C 语言、Java 语言、Python 语言或其他语言。随着模型规模增大，以及对快速应用的要求，手动转换逐渐淡出人们的视线。许多数据库和决策引擎能够输入 PMML 文档。Zementis 公司所提供的分析工具和服务，能实现集成化服务。

正如构建许多模型与构建大模型不同，评分模型也创造了许多新需求。只拥有几个小生产模型的企业，可以作为特别开发项目来建设评分程序。随着模型数量增加，企业对模型功能的要求也越来越多，如所配置模型要实现对整个企业的跟踪、监控和管理。

解释

我们广泛使用术语“解释”描述一种措施向其他措施变异的系统归因。某些情况下，企业主要关心的是预测——评估一项响应措施的潜在价值。在其他情况，预测不是优先考虑的问题，企业寻求了解对响应措施造成的影响。还有一些其他案例，企业对两方面都需要考虑。

有些分析方法对这两个目标都支持，而其他方法则只适合其一。所以，了解二者的区别非常重要。统计方法大多可用于预测和解释，机器学习方法主要用于预测。也有些统计方法主要用于解释变量，如混合线性模型，这是更加简单的预测方法，但其相对价值较小。

例如，在属性响应分析中，营销人员主要关心属性响应或销售额对营销手段（如促销或活动）的响应。预测是分析的副产品；许多营销手段不可重复。所以，获得尽可能多的对过去和未来工作任务的评价、建议和意见，比预测未来响应更为重要。

信贷风险评估，就是企业对这两方面都有要求的应用实例。决定客户授信额度时，贷方企业会预测借款人最可能的行为结果；而当贷方婉拒客户请求时，也必须提供合理解释。加之，之前没有正式要求必须解释模型，很多经理不愿意相信由这个“黑匣子”所提供的预测结果。这个分析结果，没有把拒贷原因解释清楚。

预测

时间序列分析和预测广泛应用于企业，是另外一类不同的分析方法，通常会被嵌入企业系统内进行制造、物流和存储运作等的分析。例如：

- 一家零售商用时间序列分析预测每时段存货运输量，根据预测结果安排调度人员。

- 一家啤酒生产企业在系统中嵌入时间序列分析，预测700多项存货和库存水平，利用预测结果调整生产和配送计划。

- 一家投资银行利用时间序列分析预测上百万投资者持有的证券投资组合产品的价格。

大多数运行中的时间序列预测系统属于“小模型”，个体预测的确也不要求大数据集。时间序列更合适相对简单和标准化的建模技术，但需要分析工具自动化学习和预测处理。

而分析人员可能需要处理原子源数据。这种情况下，分析师必须执行数据准备步骤，积累带时间戳的交易形成时间序列，执行日期和时间计算，然后创建回归分析的滞后变量。利用SQL语言执行这个步骤，可能比较困难或无法执行，分析人员经常结合时间序列效用利用专业软件完成这一步。

单个模型无法处理大型时间序列，分析人员必须依靠模型自动化包装器，它适用于时间序列分析。

时间序列分析一般不需要单独评分，分析人员能够简单地将预测结果可视化或转化为消费应用程序。与传统的模型一样，时间序列数量较大，分析人员需要具备模型管理能力。

数据挖掘

有时，数据分析人员试图挖掘有用的数据模式，并不需要提供正式的预测、解释或预报。这种模式归纳起来有如下形式：

- 文本或文档中可利用的内容；
- 案例的齐次群组；
- 目标之间的关联性；
- 不常见的案例；
- 案例之间的联系。

数据挖掘结果可采取两种输出形式。就商业数据挖掘而言，分析产品是可视的；例如，文字云是一种使文本字数可视化的方法。就操作性挖掘而言，挖掘模式是将挖掘目标传递到其他应用软件；例如，欺诈检测应用程序可能使用异常检测，识别不寻常的交易，并将这些交易信息发送给调查员进一步分析。

以下小节将介绍大量挖掘用例，这些用例采用不同的分析技术和工具，所以它们之间存在差别。

文本和文件处理

所谓大数据包括自由文本和文档，例如呼叫中心治疗记录、博客和脸书上发表的最新评论。处理文本数据形成了密切相关却又不同的两个问题。某些情况下，分析人员归纳出文本数据特征来完善预测模型，称为文本挖掘。其他情况下，分析目的是确定整个文本的重复率，进行抄袭率检测，或者监控进入的邮件等，称为文档分析。文本倾向分析是文本分析特例，文本单位是新闻报道或社交媒体上发表的评论。

利用专业文本处理工具挖掘文本，分析人员能够更正拼写错误，减少变形或派生词，压缩某些词，如常见的连词。清理文本后，分析人员运行字数统计工具，提取文本中的单词和短语创建字数矩阵。把文档数设为行，文字数设为列。然后矩阵降维，例如可利用单值分解法。下一步，分析人员用可视化工具生成文本“图片”，如一个文字云。此外，分析人员可根据其他特征合并降维矩阵，建立预测模型。

在检测整个文档的重复率或抄袭率时，为了确定相似度高的文档，或者确定需要再次重点审查的文档，分析人员可能进行间隔度或相似度的测量。文本倾向性分析需要高度复杂的自然语言处理工具，能够检测到挖苦或讽刺意味，能够把评论分为积极、消极或中性倾向。

大型企业处理大量给定文本和文档，往往需要一个高度扩展性的平台。Hadoop 特别适合此类分析，它不仅处理成本较低，而且扩展性强，能够支持不同的数据类型。

细分变量

当分析目标是把案例分成同类子集，或含有交叉变量的相似部分时，可称为细分问题或用例。分析人员可利用独特的聚类分析技术解决此类问题。例如，营销人员利用聚类分析，搜集尽可能全面的关于每个受访者的信息；在此基础上，识别潜在细分市场。聚类分析在预测建模中也很有用，分析人员在处理一个非常大的数据集时，可能首先进行多元统计分析，对数据集进行细分，然后在每个细分部分建立独立的预测模型。

目前，已知的多元聚类方法超过 100 种。其中，应用最广泛的是均值聚类法。

聚类分析是一个有用的数据挖掘工具，所以当使用所有可用数据时，聚类分析最有效。出于这个原因，聚类分析在数据库或 Hadoop 上运行非常有用。例如，聚类算法是 Apache Mahout 内最发达的项目。

当企业希望使用聚类的结果进行市场细分时，评估结果会偏于主观，要求分析师和企业客户端之间密切互动。为此，运用可视化功能可使聚类算法更有效。利用这种功能，企业客户端能够了解每个集群的特点，这些特点正是由聚类算法挖掘的。

关联分析

分析对象具有共同特征的前提下，聚类分析专家的目标是案例分组。假设你要在消费者选择偏好基础上进行分组，而不是针对产品特点。例如，要了解消费者购买商品时还会一并购买哪些商品，这样就可以推荐附加购买或开发捆绑商品。

关联分析是一套技术，它用于确定事件同时发生的概率。例如，应用于零售市场购物篮，根据关联分析结果可知消费者会同时一次性购买的物品，这样的概率是否很高。（应用关联分析的都市经典营销案例：尿布和啤酒。）

关联分析要求项级数据；鉴于零售交易数量，需要利用能够在数据管理平台运行的可扩展算法。某些情况下，分析人员可以使用整群样本，如客户样本或购物相关的所有交易数据。如果没有对整体交易数据进行分析检验，就很可能忽视最有趣、最有利用价值、比较罕见的关联情况。

最经典的关联分析方法是先验算法，这种方法有一定的测量难度。最近开发的替代方法有 FP-Growth 算法和 Limited Pass 算法（PCY 算法、SON 算法和 Toivonen 算法）。

运用聚类分析和关联分析，可能需要分析人员与业务客户端之间密切合作。最好的关联分析工具，具备强大的可视化和数据挖掘功能，通过这些功能，商业用户能够了解数据挖掘模式。

异常值检测

异常值是某种程度上变量表现突出的情况。异常值可能在某项变量上单独出现，如银行储户大额度提现；或者不合规多重交叉检测。根据公司业务背景，异常值体现了值得注意的业务活动、潜在的问题、初露端倪的新趋势，或者只是统计异常值而已。任何情况的异常值，都需深入调查研究。

异常检测的目标是要标记调查人员质疑却又尚未解决的异常情况。为方便起见，我们将异常值检测方法分为三大类：

- 基于一般规则的方法；
- 基于自适应律的方法；
- 多变量方法。

基于规则方法，将静态规则应用于每个变量，但标记变量例外。例如，一家银行的系统对任何 1 万美元（含 1 万美元）以上现金存款业务进行标记，因为此类交易触及美国银行法律规定的合规操作。规则系统易于在运行系统中应用，且在各行各业的各类分析应用中广泛使用。

虽然在运行规则明确的前提下，正如许多应用程序所遵循的规则一样，基于静态规则的系统运行正常，但就检测人类行为的异常值而言，该系统作用并不大。人类行为千变万化，因人而异，无定律可循。一家知名信用卡公司打出“无预限”信用卡广告；此时，很少刷卡消费的顾客突然购买奢侈品，就需通过客服中心获准此次交易。该公司利用自适应系统，“学习”个人客户行为模式，制定相应规则。

多变量系统检测众多变量，并标记不适用于统计模式的变量。一家龙头铁路公司，从扫描仪中获得大量矢量数据；公司无法对每台入库有轨电车的车况进行人工检查。公司利用多元异常值检测，排查有超标问题的电车，预先掌握电车存在的安全隐患，由检查员来确定电车是否需要修理。

异常值不仅仅意味着行为本身不良，还可能意味着诈骗犯盗用信用卡账户，或者可能意味着持卡人有大额购买行为。因此，企业利用异常值检测来确定欺诈调查员、呼叫中心客服或有轨电车巡视员人工检查案件的优先顺序。这些系统通常需要“协调一致”，确保人工检查不被误报。用离散值可分析检验特定变量值和“正常”的差距，但分析本身并不能确定准确的分界点，这是因为离散值区别于其他所有变量，必须由企业来决定。

当交易发生时，分析程序实时运行，企业就能够最大限度受益于离散检测。一旦信用卡发卡方批准交易，如果发生欺诈行为，就难以或不可能弥补资金损失。

图表和网络分析

在数学中，图表是描述对象之间关系的结构。构成图表的节点代表对象；边缘代表链接或关系。已经建立的数学原理，称为图表理论，用于提出图表中行为系统的分析见解。

数学图表是用来描述系统的有效比喻，例如分布式计算机网络、交通网络或网站页面。以这种方式建模系统，就可以模拟诸如网络流量或点击路径，并利用这些信息来制定最优路由计划，或预测下次用户访问。

利用数学图表去模拟社会系统时，模拟结果是一幅社交网络图，这样的图表具有很高的分析应用价值。警方利用社会网络分析进行调查，识别有组织犯罪团伙；保险公司用其检测欺诈团伙；社交媒体公司用它向用户推荐新朋友、预测交通状况和优化广告。

在白板上用记号笔可以画一个简单的社交网络。正式社会网络分析的价值，是能够检测大量人口之间的关系；因此，需要在可延展的平台上应用图表分析。图表分析计算复杂，需要专门引擎支持大型问题分析。

仿真模拟

仿真是一个“大分析”范例，但并不依赖“大数据”。大多数模拟问题不依赖大型数据集，也不受益于数据平台的紧密集成。

网格计算为仿真模拟分析提供了良好的平台。大多数情况下，仿真是完全平行的；最快的运行方式，可以并行模拟 1 万种情景，分发给 1 万个处理器。模拟仿真尤其适合云计算，因为很少或没有数据移动限制远端计算。

下载通用的图形处理单元（GPU），也是模拟仿真可选的有效方法。在复杂市场的模拟仿真中，许多投资和交易运作利用 GPU 进行实时选项分析；分析人员利用 GPU 模拟设备，可以实现处理速度 750 倍加速。

优化

数学优化是专业分析领域之一，包括线性规划、二次规划、二次约束规划、混合整数线性规划求解、混合二次规划和混合二次约束规划等方法。这些方法虽然计算复杂，但对硬件输入和输出的要求较低。因为即使是最大的优化矩阵，与其他分析应用程序比较而言，也相对较小。最先进的优化软件，通常在多线程服务器上运行，而不是在分布式计算环境。

总结

本章回顾了主要分析用例。这些用例介绍了分析专家解决的一般性问题，以及解决问题所用方法和技术。了解企业分析用例综合应用的关键，是构建企业分析架构。因为不可能有适用于所有分析任务的分析技术。接下来的章节中，将更详细地讨论分析方法。

第八章

预测分析方法

概述：现代分析方法途径

预测分析的目的是依据事实预知未知事物。例如，你也许了解一套别墅的位置、房龄、面积、房间数等，但是并不清楚它的市场价值。如果想了解这套别墅的市值，就可以提出一个报价。同样，预测一个患者是否会发展成某种疾病，预测手机客户每月消费额，或借款人是否会按月还款，每种情况都是利用已知预测需要了解的未知。

预测结果可信就有助于我们作出更好的决策，从而使得预测分析能驱动商业价值。如果能够预测一套房屋的市值，就完全可以自信地设定要价。预测疾病、手机使用和借款人支付行为，有助于确定诊断方案、手机定价方案，以及是否批准贷款。每种情况下，准确的预测都有它真实的一面。

预测分析技术检测历史数据之间的联系，预测未来的事件或行为。预测分析广泛地使用于一系列商业应用程序：预测保险索赔、对营销活动的响应、贷款损失、采购行为、产品使用情况、客户流失率及其他许多应用程序。

假设治疗结果的数据显示，大多数 ABC 疾病病人，服用 XYZ 药物治疗后反应良好，其他一些病人有副作用而导致死亡。由于存在药物副作用的风险，而不向任何人提供 XYZ 药物，那么大多数患者会继续遭受疾病的痛苦。或者，可以让病人自己来做决定，确保他们签署法律文书，使医疗服务提供方免责。然而，最好的方法是全面搜集病人治疗反应，使用分析法去预测治疗结果。

第七章中我们介绍了分析用例，本章将介绍分析预测用例的方法论，见图 8.1。实例分析和方法论之间的区别在于分析深度问题：方法论解释和证明一组步骤，而不是仅仅描述目前的实践过程。方法论具有前瞻性和规范性（说明性），它阐明实现某一目标的必要手段和方法。

分析方法多种多样，其中两种最经典的方法是 SAS SEMMA 方法和 CRISP-DM 方法，后者与 SPSS 有关。到目前为止，这两种分析法都很有效，但都有一定的局限性。例如，SEMMA 法呈现出的商业问题很明确，却根本没有模型应用的说明；模型应用看起来似乎与需要分析的问题毫无关系。

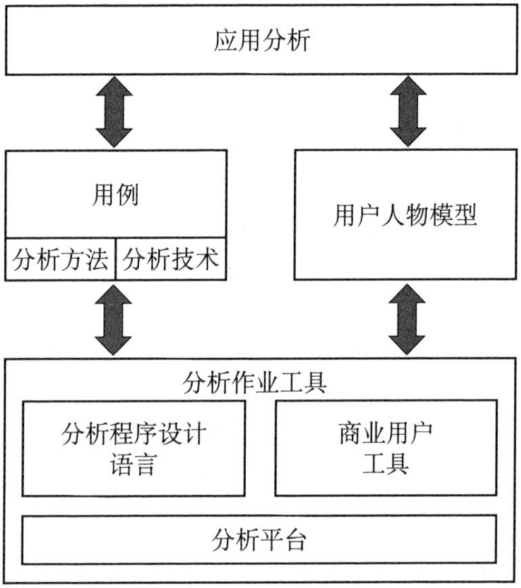

图 8.1 现代分析框架

现代分析方法论应该从敏捷软件开发中汲取灵感，充分挖掘现代分析工具的功能。分析专家和客户应关注业务定义和配置全过程，以使分析效用最大化。技术活动发生在业务定义与配置过程之间，如模型训练和模型验证。这些固然非常重要，但是要在这些步骤中做出关键选择，取决于如何定义问题。

本章介绍预测分析的过程；接下来的部分，涉及主要分析方法和技术的内容。预测分析过程包括四个主要步骤或阶段：业务定义、数据准备、模型开发和模型应用。每个阶段涵盖了许多任务项，见图 8.2。

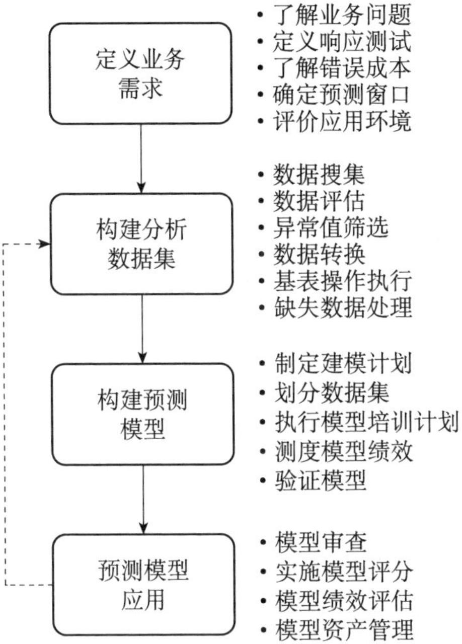

图 8.2 预测分析方法

以下部分描述和解释每个阶段及其支持任务。

定义业务需求

显而易见，分析项目应当从分析目标着手，分析结果将对企业产生积极影响。这或许很明显，但往往容易被人们所忽视。与分析人员谈及在研项目时，令人吃惊的是他们对项目了解无几，或无法说清楚项目会对企业产生哪些影响。

了解业务问题

无一例外，每个项目都应该以树立明确的商业目标开始着手，规范项目利益相关者所涉及事物。比如将目标设定为：

- 至少提高 $x\%$ABC 的营销响应率
- 减少 $y\%$的欺诈交易损失
- 增加 $z\%$的客户忠实度

分析人员经常抱怨企业对分析结果不够重视，或根本不加以利用。换句话说，分析人员竭尽全力收集、转化数据，然后执行分析构建预测模型；之后，分析模型被闲置，或者被搁置而不被利用。应该看到本次分析结果是什么：失败。多数情况下，这归因于分析结果缺乏对企业的显著影响。与分析本身不同，预测模型执行过程是一项跨职能活动，要求分析人员、IT 人员和利益相关者之间的协作，并且有明确的项目实施费用。如果不明确预测模型对企业的影响，就很难建立一项业务分析用例。

定义响应测试

响应测试针对的是你想预先了解的未知的事物。提高数据参考价值，响应测试就会对决策过程产生影响，或对业务流程产生影响。决策结果会影响企业关键指标。

响应测试案例如：目标市场是否响应营销推广的预测，对一套住宅预售价的预测，可能的点击量的预测，或者一场足球比赛比分的预测。

许多响应测试所反映的是未来可能发生且结果未知的事件。例如，信用卡发行方可以预测明年客户是否会申请破产。这些未来发生的事件，本质上是不确定的。你可以检查公开记录，查看已经申请破产保护的客户。但如果要避免破产客户贷款给企业带来的损失，这些信息就过于滞后而没有利用价值。

某些情况下，响应测试是针对过去或现在的事件。例如，如果破产记录无法获取，可以基于其他客户信息，利用预测模型估算客户申请破产的可能性。

实施响应测试的时间维度应当明确。假设要预测借款人是否会拖欠十年期贷款，是不是应当确定在贷款期内或更短周期出现违约情况的响应测试？长期响应需求往往与商业决策相关，但需要更多的历史数据来验证。长期行为的预测比短期更为困难，因为可能会发生更多意外事件，影响被测行为。

对任何给定业务的预测分析应用，都可能需要进行多元响应测试：

- 税务机关需要判断应该审计哪些税收申报单；审计费用很昂贵，而且审计人员有限。为了使每位审计人员工作效率最大化，税务机关应当预测因低估收入而被退回税收申报单的概率和退回申报表的数量。

- 一所大学试图使校友捐赠活动的投资回报率最大化。为了正确地锁定不同的策略，大学应当预测每个校友对每项活动安排可能的反应和可能捐赠的额度。

对于任何给定业务问题，可能要预测多方面的响应情况。例如，实现捐赠活动投资回报率的最大化，可能要预测有希望捐赠的人对捐赠邀请是否有回应，如果的确有，那么他就会捐助一定款项。

单个预测模型具有多种预测响应技术，而大多数分析专家往往把问题分解成几个部分，针对每个响应测试构建独立的预测模型。这种问题分解方式，使分析专家们实现了每个模型的每项响应测试结果的最优化，为企业用户更为灵活地提供服务。

试将预期捐赠人群分为两组：低响应程度但高平均捐款额组，高响应程度但较低的平均捐款额组。这两个分组的整体预期值相似。然而，区分响应行为并分别建模，客户能够通过测试结果来区分这两类人群，从而采取不同的应对策略。

大多数预测问题分为两大类：分类预测和回归预测。分类预测中，分析专家试图对未来某类事件进行预测；大多数情况下，是一个非此即彼的状态。因此，客户可能对营销活动给予回应或不回应；债务人可能申请破产或不申请。回归预测中，分析专家试图预测连续值，如客户手机通话时间，买家在给定时段的消费额度。一些技术适用于分类预测，而另一些则适用于回归预测。分析专家必须把握预测问题，从而选择正确的预测技术。

了解错误成本

理想情况下，人们喜欢用模型完美地预测未来事件，但实践经验证明这是不可能的。如果放弃完美的梦想，那么精确度多大才为最佳呢？

一般说来，必须投入充足的建模成本和应用成本，预测模型才能提高决策质量。风险值很高时，预测模型带来正效益。换言之，决策错误的成本巨大。这一风险值可能是许多决策所面临的小风险之和，如信用卡投资组合；或者大额度的有限数量决策，如再保险的投资组合。

如果风险值低，即使预测模型本身很好，但能够给企业带来的经济效益也很少或几乎没有，因为错误设计成本最小。的确，许多企业构建邮件营销预测模型并不困难，因为给无响应客户发送信息增加的成本很少。当然，这意味着客户收件箱里会产生更多的垃圾邮件。

假设证明建立预测模型有效性的风险非常大，那么该模型的执行效果必须要比可提供的、理想的最优目标规则更佳。分析软件供应商经常将随机选择作为基准，展示其算法的强大功能。然而实践中，管理者更希望预测程序能够提供直观、确定的目标规律，而不是随机选择；因为这些直观规律构建成本较低，无须分析人员，只要预测模型一定比证明其有效性更优即可。

预测模型总体精度非常重要，但必须考虑错误率问题。二进制分类模型在两个方面很有效：它可以准确地预测会发生的事件，或不会发生的事件。然而，相同模型在这两个方面可能做出错误结论：它可以错误地预测会发生或不会发生的事件。

假设构建一个模型，预测患者在重症监护室中心脏骤停的时间。如果模型能够提前预测心脏骤停情况，重症监护室的工作人员会主动采取措施，这样会挽救更多病人。否则，员工只会疲于应付；或者即使发现也为时太晚，于事无补。

如果预测模型错误地预测心脏骤停时间，结果被称为假阳性；如果模型预测病人不会心脏骤停而恰巧病人病情发作，那么结果是一个假阴性。大多数实际的决策错误成本不对称，这意味着假阳性成本与假阴性成本不同。这种情况下，假阳性成本是不必要治疗，而错误预测成本则增加了病人死亡概率。就大多数医疗决策而言，利益相关者将更关注减少假阴性，而不是减少假阳性。

确定预测窗口

所需预测窗口会严重影响分析项目设计及预测方法和数据选择。所有预测都与未来事件相关，但企业对预测时间范围的要求有所不同。例如，商店值班调度员可能只对明天或未来几天的销售量感兴趣；营销执行官关注长期变化，可能对后续几个月的销售量感兴趣；而网站企划人员可能对未来几年销售量变动更感兴趣。

预测窗口延伸，模型精度就会下降；换句话说，预测明天的销售量比预测三年内的变动更容易。这主要由两个原因造成：首先，随着预测窗口扩展，破坏性事件发生的可能性增大。例如，自然灾害袭击商店周边，商店销售量会发生变化。其次，随着时间推移，随机误差积累，会导致明显的预测偏差。

预测窗口也会影响分析预测中所用数据。还是零售店的例子，假设要提前预测明天的销售量。基于波动测试的时间序列分析就是非常好的分析方法，如通过过去几天的日常销售额，就可以有效预测明天的销售额。另外，如果试图预测未来三年销售额，可能就必须用到基本因素数据，如当地住房建设情况、组建家庭情况、家庭收入变化以及竞争格局的变化。

评价应用环境

模型应用是预测分析过程的有机组成部分，分析人员开始建模项目前，必须掌握预测模型的应用环境。

企业应用预测模型有两种方式：批处理或交易处理。批处理预测中，评分引擎会计算记录级别并对系统进行预测，然后将结果存储在存储库；消费应用程序从存储库中检索，按需利用检索到的预测结果。交易处理预测中，评分引擎利用消费应用程序计算个人需求记录得分并进行预测；消费应用程序直接利用预测结果。交易或实时评分应用至关重要，它对评分潜时要求很高，几乎不允许有任何潜时；无论怎样，实施交易或实时评分代价很高，模型应用不一定允许最小潜时。

分析人员必须知道应用环境中哪些数据可用，这一点非常重要。因为分析人员往往在相对容易获得数据的“沙箱”环境中工作，“沙箱”相对更易获得数据并将其合成分析数据集。在生产环境中，可能有操作性或合法性约束条件，即使用期限或昂贵的使用成本。

从战略角度来看，预测模型所用数据可能有益。如果想确定哪些数据对于企业最有价值，在当前的运行环境下是无法知道的。这种情况下，企业应当通过长期规划来实现。

分析人员选择分析方法，也会受应用环境影响。在 SQL 系统下，有一些分析方法易于完成分析任务，如线性回归、决策树、生产预测模型。其他方法，如支持向量机算法和神经网络分析法，在该系统下执行就比较困难。一些预测分析软件包支持各种格式的模型输出结果；然而，应用环境可能支持或不支持软件包格式，分析软件包也可能不支持所有分析技术下的模型输出。

构建分析数据集

数据科学家花费大量时间准备用于分析预测的数据，这一过程包括数据收集、数据筛选和数据转换。构建数据集是预测分析过程中分析人员“事必躬亲”的第一步，被视为建立高效模型的前提，他们投入大量必要时间完成此项工作。

由于数据准备工作在总周期中占比非常大，因此也提供了优化和改革创新分析过程的机会。

数据搜集

在理想情况下，分析人员只要简单地连接企业高效的资源库，就能够利用分析工具获得专利数据。现实世界在许多方面与完美设想不同：数据存在于企业内外不同的源系统之中；数据清洗、数据整合、数据管理等流程从混乱到整齐有序、条理清晰。虽然企业在数据库和数据管理方面突飞猛进，但是很少有企业能够应对日益增长的数据量和日趋复杂的变化。分析人员服务于企业内部人员或部门，这些人员或部门提出最直接的业务需求，因此他们的分析需求先知先觉于 IT 企业。

分析人员单单在收集和整合数据上就会花费大量时间和精力。大部分时间用于寻找数据源，研究数据所得，获得文本和可用数据。手动将数据移动到分析“沙箱”需要的时间相对较少。

数据评估

分析人员一经收到数据文件，首先确定数据格式是否与分析软件兼容。文件格式林林总总，而分析软件工具所支持的数据格式是有限的。如果数据可以读取，下一步是执行测试，验证数据符合可用文档。如果没有文档，分析人员就需要花时间“猜测”文件格式和内容。

如果数据文件可读，分析人员会读取整个文件。如果文件非常大，只读取样本即可，然后执行基本数据检查。表格数据检查包括：

- 确定关键值的存在或缺失，来决定是否有必要连接其他表格。
- 确保填充每个字段。字段不需要填充每项记录，但所有行的空白字段可以删除。
- 检查方差。每行字段填充值相同的可以删除。
- 确定字段数据类型：浮点、整数、字符、日期或其他数据类型。数据类型是分析平台特定的类型。
- 确定数据文件中是否有与响应测试对应的有用字段。

响应测试数据集是预测建模的最低要求，它必须与商务行为一致，以及至少有一个候选预测变量；响应变量和预测变量之间必须是正差异。大多数情况下，分析人员执行附加工作来创建恰当的响应测试，下一小节介绍这些工作。

异常值筛选

异常值或极端值，可以借以检测建模的过程是否存在毫无根据的影响因素。极端情况下，这些数值很难适应高效的模型。尽管如此，分析人员不应轻易删除异常值；保险分析人员不应鉴于卡特里娜飓风造成的极端损失，就轻易从数据集中将其删除。

分析人员应该通过调查异常值，确定其是否属于数据收集过程的人为事件。例如，分析人员处理超市销售数据时，发现大额异常支出账户。经过调查发现，这些“极端”客户是刷自己会员卡的收银员，这样顾客没有会员卡也可以享受店内打折。

另一实例是在处理租赁公司数据时，分析人员发现某一市场中似乎存在大量异常的已批准的贷款申请。这些申请批复后，客户并没有激活和使用贷款。分析人员与租赁公司提出一系列假设来解释这种现象。然而，经过调查发现，系统管理员通过系统循环了大量应用测试，却没有把这些测试同真实的客户申请区分开来。

数据转换

在建模开始前要进行数据转换，转换的具体细节取决于数据条件和项目要求。因为每个项目要求不同，所以不可能概括出所有转换细节，但可以依据细节标准去检查数据转换以及类属性操作。

转换数据的原因有二。其一，源数据不符合应用程序的规则。原则上为了确保数据符合业务规则，企业应当提前对数据进行处理，以保证数据一致。遗憾的是，分析人员往往必须提前处理数据库和使用企业数据库中的部分数据。

也存在分析人员应用不同于企业规则业务的特例，因为这样对内部分析需求人员和部门有利。从企业来看，这种做法不合逻辑，却普遍存在。

其二，为了提高已建模型的精度和准确性。这些转换包括简单数学转换（如幂函数或对数转换），“图像读出”数值变量，重新编码分类变量，以及更复杂的操作，如缺失值处理或文本挖掘提取特征，等等。转换可能需要特定技术，分析软件常常可以自动转换数据。因此，更简单的数据转换，我们将在本章后文中进行介绍。

数据转换大大提高了模型的精度和准确性。然而，分析人员所面对的最重要的问题是：能否在应用环境中完成数据转换。在“沙箱”中再加工数据，并不能提高市场表现预测模型的性能，除非在应用环境中对数据进行相同转换的再加工。

基表操作执行

分析软件工具通常要求把所有数据输入一个基表，包括反应程度变量和预测因子。除非所有必要数据已被列入基表，否则分析人员必须执行基表操作，构建分析数据集。这些操作包括：

- 基表连接操作
- 设置表格搜索路径
- 选择行
- 压缩行数
- 添加计算字段列
- 压缩列数
- 进行分组

高效的 SQL 引擎通常是比基表操作更有效的分析软件。分析人员应该尽可能利用这些基本的数据准备工具。

缺失数据处理

数据缺失有几种原因。首先，逻辑缺失。例如含字段的数据表，记录客户服务使用量的数据，因客户不订阅服务而造成数据缺失。其次，源系统数据丢失。因为源系统使用隐式的零编码，空格串表示 0。再次，数据也可能在数据搜集过程中人为缺失。例如，客户拒绝回答收入问题，此数据就可能是空白。

许多统计软件包需要工作数据表的每个单元值，如果从表中删除任一行，那么每一列的值就消失了。因此，分析人员要推断缺失数据，可以利用简单替代法或复杂的最近邻点插值法。

如果简单地运用某些不能处理缺失数据的技术，就无法提高数据的参考价值。因为数据缺失不会随机发生，分析人员应该仔细分析推理，找到数据缺失的根源。

正如其他数据转换，分析人员也应尝试在应用环境中“修复”缺失数据，估算修复这些数据的成本。更好的经验是利用一种技术处理缺失数据，如决策树，而不是局限于“修复”缺失数据，下一章我们讨论这种方法。

构建预测模型

尽管分析人员常常更倾向于一种分析技术，但是无法预先知道对于给定问题与特定数据集，利用哪种技术会生成最佳的预测模型，所以必须通过试验来确定最佳模型。现代高效能的分析平台，赋予分析人员大量试验的条件；此外，分析软件包常有脚本处理功能，分析人员可以制定并运行批处理试验。

制定建模计划

分析人员可利用高效现代分析平台构建最佳模型，但是针对大多数问题，预测建模试验量是相当大的。建模技术为分析人员提供了许多不同的参数，任何参数都会使模型质量存在实质性的不同。此外，每个新预测变量添加到分析数据集中，都会创造多种制定模型的新方法和模型的数学转换方法；新的预测因子和所有已有预测因子之间也会相互影响。因此，以上这些因素都会影响模型质量。

分析人员可利用多种方式，压缩试验搜索空间。首先，响应变量和预测因子的特征会制约分析技术的应用范围，如表8.1所示。

表 8.1　　基于变量特征的方法分类

技术	响应测试	预测因子
线性回归分析法	连续	连续
广义线性模型	取决于数据分布情况	连续
广义加性模型	取决于数据分布情况	连续
逻辑回归模型	分类或顺序	连续
存活率分析	事件发生时间	连续
决策树		
卡方自动交互检验法	分类	分类
分类回归树	连续或分类	连续或分类
ID3 算法	分类	分类
C4.5 算法/C5.0 算法	连续或分类	连续或分类
朴素贝叶斯算法	连续	分类
神经网络算法	连续或分类	连续（标准化）

第二，分析人员估量每个可用预测变量的信息价值，进一步分析时，去掉没有分析价值或价值很小的变量，能够缩小试验范围。从常规方式或逐步升级建模技术入手，分析人员初步构建只含有正向信息价值变量的模型。许多分析软件包内置特征选择算法。分析人员还可以利用开放性特征选择工具，如特征选择工具箱，TOOLDIAG 模式识别工具箱或 RRF 包（regularized random forests)。

划分数据集

数据集分割或分区是模型训练前的最后一个分析步骤。分析人员对适当的分区数量和规模大小意见并不统一，但业内人士达成了以下广泛共识：

首先，分析人员应该随机抽样创建全部分区。只要分析人员随机处理，简单抽样、系统抽样、分层抽样和整群抽样都可以。

其次，模型训练过程中，分析人员应随机选择一个达到测试量的数据集，以便分析人员和客户能够得出具有建设性意义的生产预测结论。

根据所使用的特定分析方法，分析人员会进一步细分其余数据，进行培训和完善数据集。一些方法，如分类法和回归树法，可融入已有功能去训练一个数据集，然后删除另一个数据集。

如果待处理数据量特别大，分析人员可以重复训练数据，以加快试验速度。在规范模型运行基础上，进行重复性训练。第一次重复训练后，删除绩效不佳的方法，然后扩大样本量；或者随着样本容量扩大，分析人员能够了解模型执行情况。

执行模型培训计划

要完成此项任务，分析人员应执行实施模型培训计划所需相关技术步骤。具体的技术步骤，随着所用的技术和安装的软件不同而变化。在理想情况下，分析人员利用分析软件的自动训练功能，或通过定制脚本，自动执行培训计划。因为培训工作量特别大，分析人员应尽可能避免手动操作。

测度模型绩效

当大批量运行模型时，要用一种客观的方式评价每种模型的绩效，因此可以用优先排序来选择最佳方式。如缺乏模型绩效评价的客观标准，分析人员和客户必须手工评定绩效，如此则必然会限制可能执行的数量。

模型绩效评价方法有很多种。对模型而言，关键是对业务产生的影响。但是，在建模环境下，几乎不可能有效地衡量这种影响。因此，分析人员普遍依靠替代性措施，有四个通用标准决定模型绩效评价指标的选择：

- 绩效评价应概括所有具体建模方法和技术。
- 绩效评价应反映每个独立样本模型的绩效。
- 绩效评价应反映大数据运行条件下模型的绩效。
- 绩效评价结果可以被分析人员和客户解析。

分立式建模技术，如线性回归或逻辑回归，能得出拟合优度，如 R 平方和统计量。非常遗憾的是，这些测量技术并没有概括所有方法，如果分析人员要测试更大的类函数时则无效。

可用的绩效评价方法一般有三类：

- 响应测试适用于分类响应测试（分类法）。
- 响应测试适用于连续响应测试（回归分析法）。
- 响应测试既适用于分类法又适用于回归分析法。

分类问题中简单的总体分类精度，很容易计算和理解。通过列联表，即“混合矩阵”，测算一目了然，见表 8.2。

表 8.2　　混合矩阵

	实际行为		
被测行为	响应	无响应	总计
响应	312	4 688	5 000
无响应	224	44 776	45 000
总计	536	49 464	50 000

总体精度：(312＋44 776) /50 000＝90％

总体精度类别不分主动误报信息和漏报这两种情况；然而，实际应用中收益矩阵总是不对称，两种类型错误有不同成本。一个预测模型可能比另一个整体精度更高，只有在了解这两种错误类型的分布情况后，才能有效选择。为此，需要考虑另外三种分析方法。

灵敏度分析，即正确区分主动误报信息量与错误信息总量，以衡量模型最小化漏报信息的程度。特异度分析，正确区分漏报量与错误信息总量，以衡量模型最小化主动误报信息的程度。模型精度分析，主动误报信息量与预测信息总量，以衡量出错率。将以上三个变量添加到前述表格中，见表 8.3。

表 8.3　　混合矩阵

	实际行为		
被测行为	响应	无响应	总计
响应	321	4 688	5 000
无响应	224	44 776	45 000
总计	536	49 464	50 000

准确度：(312+44 776) /50 000=90%
敏感度：312/536=58%
异常性：44 776/49 464=90%

假如要构建预测病人是否被确诊为某种疾病的模型，对相应治疗有响应；如果没有其他治疗方法，就意味着病人死亡。大多数医护人员想要使漏报率最小化，即响应治疗措施的病人数量，而模型将其归类于“未治疗”。这种情况下，分析人员和客户会进行模型特异性分析，或者选择特异度分析最佳的分析模型。

建模是为了提高营销活动响应率。营销项目经理不关心漏报率，即客户营销活动目标并不关注响应群体。因为营销活动响应率易于识别，但机会成本并不可见。客户应该规定模型最小精度，或选择精度最高模型。

大多数建模方法的原始输出是一个分数。它反映类别组成的可能性或树型方法，一项任务的许多节点。因此，实际分类需要采取两个步骤：首先，分析人员生成原始输出，再根据截止阀或赋值法则，即歧视阈值，进行理想的分类。前文提到的分析法（灵敏度、特异度、模型精度）也揭示了这种两步分类过程的结论。

图 8.3 中的受试者工作特征曲线（receiver operating characteristic，ROC），用图表展示各种模型的灵敏度和特异性歧视阈值水平。接近左上角处曲线体现的价值观无疑是最佳的。ROC 曲线下的面积表示单个测量结果。

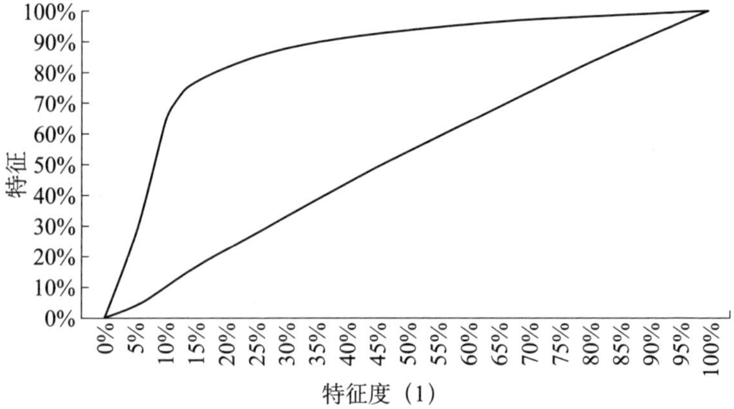

图 8.3　受试者工作特征表

连续响应测试中可用变量是有限的，最常见的是均方根误差测量（root mean square error，RMSE）。分析人员通过计算预测和对剩余价值进行测算，观测每次测试样本残值，即预测值和实际值之差；然后计算残值平方和平均数，求平均值的平方根。

模型质量测试中分离度测试应用最为广泛，分类分析和回归分析都适用于此类测试。赤池信息量准则法（Akaike information criterion，AIC）估算概率函数和未知概率函数间的模型分离度；分离度越低越好。AIC 限制复杂操作，两个模型绩效相同，更简单的模型分离度更低。

AIC 类似于贝叶斯信息准则（BIC），估算模型真实性后验概率；BIC 与 AIC 相同，概率越低越好。然而，与 AIC 相比，BIC 对模型复杂性限制更多。

大多数情况下，一组模型 AIC 和 BIC 测试结果排序相同，但也有少数例外。因为 BIC 比 AIC 对复杂性的限制更严，也略微复杂一些，AIC 模型测试排序稍高一些。

AIC 和 BIC 没有绝对的好坏之分；这些标准的设定便于模型排序，但并不说明模型是否“足够好”，可以在生产中加以应用。

验证模型

在分析项目过程中，一项分析可能会生成上百个备选模型。因此，模型验证目的有二：第一，有助于检测过度学习问题。在算法学习训练数据特征太完美，但却不能概括所有种类的情况下，会产生过度学习问题。第二，模型验证有助于从备选模型中为企业选出最佳。分析人员区分了几种不同的验证方法：

- *n* 次交叉验证；
- 样本验证；
- 过时样品验证。

n 次交叉验证法使分析人员能够对小样本数据加以利用。

此方法通过对可用数据二次抽样，进行多次重叠复制，然后分别对每次复制进行模型验证。这种方法适用于数据成本特别高的情况（例如，临床试验数据运用这种方法就比较合理），但是大数据就没有必要。

分析人员将可用数据分成两个样本，用一个样本训练模型，另外一个验证模型。有些分析工具有内置功能，用于培训和验证数据集。这样的话，分析人员可以将两个步骤合并。

模型应用前要进行样本外二次验证，分析人员从原样本抽取完全独立、不同时间点的样本，训练和验证模型。这是确保模型精度和准确度稳定的一项检测。

预测模型应用

预测模型只有被企业应用后才会有价值。一些企业在建模结束后，才开始制定应用计划。模型应用到生产领域，要经历很长的周期。最糟糕的结果是项目失败，这种情况频频发生。雷克斯（Rexer）最新调查发现，只有16%的分析人员表明，他们的企业重视并利用分析结论。

建模前应当着手制定应用计划，而且分析人员也必须了解分析技术的、企业的和法律的约束。应用计划执行初期，IT企业可以同时执行一些任务，以缩短总周期。

模型审查

许多企业模型应用的第一步是预测模型的正式审查通过。其目的在于：首先，确保合法利用个人信息；其次，为同行提供审查模型和建模方法；最后，正式核准，起到控制建模成本预算的作用。实际上，模型审批先于分析应用。开始一项预测建模项目，却缺乏资源配置约束，这样做的意义不大。构建数据集前，分析人员和客户应对数据使用是否合法的约束条件进行充分了解；如果合法性与合规性审查指令要求删除单个预测，分析人员应当重新评估整个模型。在项目第一阶段，如果分析人员和客户对模型应用环境充分评估，审查步骤就不会出现异常情况。假如模型使用的数据不存在于生产环境，企业需要转换数据和加载处理（extract/transform/load，ETL），这就会延长项目周期。

实施模型评分

企业通过批处理或事务性操作来实施模型评分，也在分析平台内本机预测或将模型嵌入生产应用程序，如表 8.4 所示。

表 8.4　　评分矩阵选项

评分引擎	评分方式	模型集成	数据传输	评分潜时
建模	批处理	不适用	大量	高
运行环境	交易*		最少**	低

续前表

评分引擎	评分方式	模型集成	数据传输	评分潜时
库内处理	批处理交易*	预测模型标记语言	无	中
		自定义码	最少**	低
应用	交易		最少**	低
综合（分数段）	批处理		较少***	中

* 评分应用程序界面和实时整合。

** 仅仅是单个数据记录的特征。

*** 仅仅评分。

具体实施步骤随着企业和应用模式的不同而变化。在第十章“分析平台”中，将讨论技术方面的问题；本章仅从方法论视角来阐述。

模型的生产应用必然需要跨部门或业务单位之间的合作。大多数行业，由 IT 企业管理模型的生产应用。这些应用可能涉及其他利益相关者，必须由它们审批通过预测模型的应用。这是定义和理解应用环境的另一个至关重要的原因。

企业上下模型应用缺乏协调一致性，效率就非常低，因为它对分析团队提出额外要求。通常分析软件供应商不会设计或者开发支持生产绩效和安全要求考评的软件。此外，分析团队很少有恰当的程序或规程支持生产作业。

批量评分适用于无须频繁更新数据、高时延性的分析。如果所有预测模型的更新周期相同，最有效的方式是嵌入提取数据转换加载过程。这样，就能够不断更新存储得分资源库。另外，数据库内更新对任何预测都是最有效的。

交易得分模型利用尽可能新的数据，因此最适于低延时性分析。交易评分使用会话数据执行预测模型，如网站用户输入的或呼叫中心代理输入的数据。为了实现实时交易评分，企业通常针对低延时性分析问题设计应用程序。

无论哪一种应用模式，分析人员都必须确保生产评分模型能够准确复制已通过的预测模型。在某些情况下，分析人员自行记录得分代码；更多情况下，分析人员制定计算参数，然后参与应用程序验收测试。

第十章将讨论模型集成方面的技术问题。尽管现有技术可自动生成得分模型，但许多企业不具备有效的此类技术条件，即齐整数据流和结构。因此，手动编程仍是许多企业模型部署周期的瓶颈。

模型绩效评估

建模的最后一个步骤是合法性检验。完成这一步会使企业对模型在生产环境中的有效应用充满信心。这一步并不能证明模型的价值，只有在应用后才知道价值高低。

理想状态下，预测模型生产应用和合法性检验保持一致；但是出于种种原因，实际应用可能绩效并不佳。最严重的问题是执行力差：分析数据集不代表所有数据种类，过度学习无法控制，或者无法复制训练结果。但是随着时间推移，数据反映的行为发生变化，即使运行良好的预测模型，也可能出现偏离。顾客的消费态度和消费偏好可能会改变，然而之前对购买倾向进行预测后，模型就不再重复预测。

企业必须把控模型的应用性能，主要采用两种方式。最简单的方法是，留存得分记录，分析得分在正常周期内的分布，观测分布是否与最初模型验证一致。观测模型验证分数是不是正态分布，正如我们也希望生产得分呈正态分布一样。如果生产得分与模型验证分数不一致，一些基本分析处理将在某种程度上发生改变，就会影响模型绩效。例如信用评分，生产得分倾向于风险较高的业务，就会出现相反的选择结果。

得分分散并不意味着模型无效，应当进一步调查原因所在。评价模型绩效时，分析人员应把实际行为和得分匹配起来研究验证。这可能要付出相当于重新建模的时间和精力。随着现代科技发展，自动建模大大简化了这一过程，并缩短了模型周期。

模型资产管理

预测模型是企业必须管理的资产。随着对分析领域投资加大，企业将会面临更多模型资产管理方面的挑战。

基本管理模型就是编制目录：创建和维护每个模型资产的记录，便于在存储库浏览和搜索数据。这项工作能大大减少重复劳动；业务单位的分析项目应当同企业现有资产相匹配。理想情况下，目录中应包括响应信息、预测变量和辅助性的原始数据。企业提取原始数据的时候，就能够判断数据的相关性和影响模型。

更进一步，即模型管理资源库，保留模型生命周期的相关数据。这包括建模和验证的关键处理步骤，如得分分布预期，生产数据的定期更新。

模型库更新是预测建模工作流程的最后一项任务。

总结

本章讨论了现代预测分析方法。应该明确，现代企业的高级分析方法论，不仅仅是一套数据处理的技术细则。有必要建立合理、有规划的步骤，以确保运用预测模型实现企业目标，使企业免于违法或监管风险。

下一章将围绕广泛应用的预测分析技术展开讨论。

第九章

终端用户分析

概述

本章涵盖了主要的分析工具，分析人员可以利用这些工具，完成前述三章提及的分析任务，见图 9.1。首先，本章介绍最常见的分析用户，我们根据共同的需求和偏好来划分用户类别。接下来，是应用最广的分析编程语言。最后，简要介绍在业务用户界面运用很广泛的一些分析工具。

企业寻求能够被用户广泛接受的分析方法，就必须认识到不同的用户需求。在现代企业中，许多用户要求使用简易无代码的用户界面。然而，简易工具可能不具备处理复杂分析问题或定制分析的功能。为了使分析结论对企业产生最大影响，需要关注三个至关重要的成功因素：

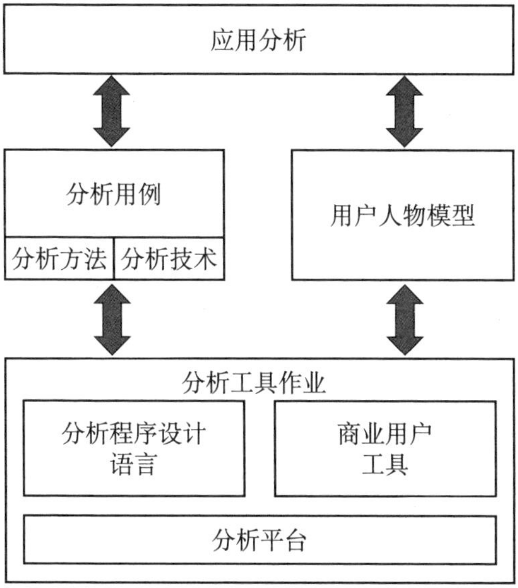

图 9.1　现代分析框架

● 重视数据基础建设。有经验的分析师致力于数据处理：数据获取、数据转换、原始数据清洗。商业用户自身无法完成这些工作，因此需要易于获得这些清洁、可靠数据的渠道。

● 合作的可能性。有经验的用户，在开发、测试和验证分析应用程序中会起到重要作用；他们能确保所提供的基础数据的正确性。商业用户的分析应用工具，应有效利用富有经验的分析人员所开发的高级分析法。

● 依据业务流程定制分析方法。直接影响业务流程的分析方法效率最高。用户不需要“业务分析”，而需要利用数据和业务规则，执行信用分析、职员分析或其他任务。针对具体业务流程、作用和任务，分析工具应该支持定制的分析应用程序。

为了使商业影响最大化，有必要构建一种分析方法，它适用于企业内的各类分析需求者——从初学者到分析专家。搭建高性能数据平台，易于获得清洁数据，协调分析需求单位，定制分析业务流程。这些是打造更智能化的企业的关键。

分析用户

大多数企业存在四种不同的分析需求用户。

- 权威分析师
- 数据科学家
- 业务分析师
- 分析消费者

虽然分析人员无法掌握所有分析需求，但是他们提出的分析框架将有助于了解实际需求。接下来，我们对业内每种分析用户加以分析。

权威分析师

权威分析师将高级分析法视为专职工作，这一岗位分为统计师、精算师或风险分析师。分析人员常常采取团队工作方式，企业则投入大量资金用于分析项目，或聘请咨询师、研发人员提供分析服务。权威分析师熟悉传统统计方法，掌握机器学习技能，具有丰富的应用分析工作经验。

权威分析师更愿意采用分析编程语言，如 Legacy SAS 或 R 语言。他们接受过大量培训，能够高效熟练地运用编程语言。他们认为同 GUI 界面的分析软件包比较而言，分析编程语言更加灵活、强大，也比较轻视那些无法驾驭编程语言的分析人员。

“正确”的分析方法对权威分析师来说是极其重要的；和采用不同方法导致经营绩效的实际差别比较而言，他们更为关注“正确”的方法。这意味着，如果特定分析问题要求特定方法或高级分析方法，例如生存分析，即使这种方法对预测精度的改善非常小，权威分析师也会采用这种方法。

在实践中，权威分析师更愿意去处理多样化问题，而不总是预测所需要处理问题的本质，他们看重能够使用多种分析方法和技术。企业对特定方法或技术的需求不多，但权威分析师希望此类方法能够有用武之地。

对成功的预测分析而言，数据至关重要。权威分析师要掌控与此相关的数据。这并不意味着权威分析师愿意去管理数据或提取数据、转换加载；这意味着他们需要数据管理过程透明、便于响应。在不重视预测分析的企业，权威分析师需要亲自管理数据，进行数据提取、转换加载，这并不是他们喜欢的工作方式。

权威分析师的劳动成果，可能是管理分析报告，或处理预测对象，如 PMML 文档，或用编程语言（如 Java 语言或 C 语言）构建实际可执行的得分函数。尽管权威分析师不愿深度参与生产应用或构建评分模型，但是如果企业没有构建评分应用程序，他们也不得不做此类工作。

权威分析师负责开发特定品牌和版本的分析软件。虽然企业对具体硬件设施的品牌、数据库、数据存储等并不重视，但是重视分析团队的企业，基础设施建设方面投入力度较大。

数据科学家

数据科学家与权威分析师在许多方面都很相似。二者都对过于简单的工具和处理基础数据缺乏兴趣。

数据科学家与权威分析师的主要差异是相关教育背景、受训经历和发展路径。一方面，权威分析师比较了解统计方法，喜欢使用内置高级语言。另一方面，数据科学家往往具有机器学习、工程或计算机科学的教育背景。因此，他们更愿意使用编程语言如 C 语言、Java 语言、Python 语言，往往借助 SQL 语言和 MapReduce 处理问题。他们有 Hadoop 工作经验，这也是他们喜欢的工作环境。

数据科学家的机器学习观念根深蒂固地影响他们的方法、技术和路径，影响他们对分析工具的选择。机器学习学科往往更多关注预测分析结果，包括预测模型功能，而忽视选择“正确”分析方法。因此，他们更愿意接受各种计算机科学技术，并选择那些落伍的统计范式作为分析方法，但实践证明这些方法很有效。

数据科学家不重视现有分析软件供应商，尤其是像 SAS 和 IBM，这些供应商向企业兜售软件，并且提供技术细节迎合业务需求；相反，他们喜欢开源分析工具。他们寻求最佳“技术”解决方案，其灵活度大、创新性强。数据科学家直接参与分析过程。相反，权威分析师通常不参与整个分析过程。

业务分析师

有些企业重视分析工作，但分析工作并不在企业专属职责范围内。业务分析师在此类企业中起着承接作用，他们拥有一系列头衔，如信贷主管、营销分析师或营销专家。

业务分析师通晓分析方法，接受过培训，有从事分析工作的经验。然而，他们更喜欢简易界面和软件，如 SAS Enterprise Guide、SAS Enterprise Miner、SPSS Statistics，或其他类似分析产品。

权威分析师非常重视“正确”方法的选择，业务分析师则倾向比较简单的方法。例如，他们可能比较熟悉回归分析法，但对所有类型回归法及回归模型计算细节不太感兴趣。他们重视“向导”工具，这些工具指导其进行分析方法选择。同样，他们也重视解决问题的相关技术。

业务分析师会意识到对成功的分析而言数据至关重要，但他们却不想直接处理原始数据。相反，业务分析人员更愿意处理清洁数据。数据的名义效度对业务分析师很重要。不仅系统内数据具有一致性，而且数据性质与分析师对业务的理解都应保持一致。

大多数情况下，业务分析师的产品是分析报告，也可能是某项决定，如一项复杂的商品抵押贷款决定。业务分析师很少构建生产预测模型，因为他们的工作方式往往缺乏类似于权威分析师的严密性和全面性。

业务分析师重视方便客户的最佳技术服务，喜欢有信誉保证的供应商提供的分析软件。

分析消费者

分析消费者完全专注于业务问题和争议，不直接参与生产分析；相反，他们利用自动分析结果，借鉴预测结论，并参考其他嵌入业务流程中的信息进行决策。

分析消费者未必是最高管理层或企业某层级领导，他们只是不参与那些草率、不透明的预测工作，诸如机器自动化决策等事务。

分析消费者可能不参与数学计算，但是他们关心分析系统的整体效用、系统性能及可靠性。例如，信用卡呼叫中心的客户服务代表，可能不会关注分析决策。但是他们会非常关心系统是否需要很长时间才能做决策。如果系统分析结论解释并不合理，代表可能反对拒绝信贷的决定，或拒绝信用等级良好顾客的贷款申请。

直接影响业务流程的分析法日新月异，加之嵌入式分析法使用便捷，分析消费者群体增长潜力巨大。

分析编程语言

如果编程语言的主要用户是分析师，而且语言功能符合行业内部高级分析师的要求，那么我们可按照“分析”语言对编程语言进行分类。高级分析需要自定义编码或利用外部分析系统，可能会使用通用语言，如 Java 或 Python。虽然 Python 语言不像下述三种语言运用广泛，但是越来越多的数据科学家对使用 Python 语言进行机器学习非常感兴趣。

R 语言项目

R 语言项目是项目驱动的开源编程语言，用于统计数据和高级分析法。R 语言越来越受到高级分析法使用者的青睐；2013 年，雷克斯数据挖掘调查显示 70%受访者表示他们更多使用 R 语言。

R 语言是集成化套装支持软件，它包括：数据处理和存储；运营商对数组和矩阵计算；数据分析工具；图表算法工具；编程功能，如输入和输出、条件、循环和递归查询操作。

R 语言核心开发团队持续改善核心软件运行环境，而企业的R语言用户利用语言包完成具体工作。截至2013年3月，全球主要数据库有6 275个R语言包，其中4 315个属于Comprehensive R Archive Network（CRAN），这是应用最广泛的R语言数据库。截至2013年底，CRAN中存储的语言包的数量超过5 000个。图9.2说明，近十几年来R语言包呈现爆炸性增长。

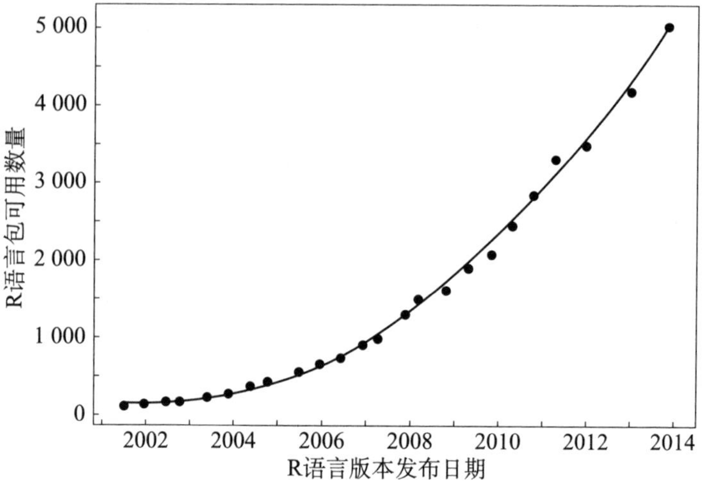

图9.2 CRAN数据库中语言包存储数量图

资料来源：Muenchen，Robert A.：The Popularity of Data Analysis Software，http：//r4stats. com/articles/popularity.

R语言的配置包括14个基本软件包，能够支持基本信息统计、图表算法和其他一些有价值的应用。用户可选择性添加软件包，形成CRAN数据库或其他数据库。由于有大量的研发企业，加之进入门槛低，R语言可用功能远远超过商业分析软件。

尽管 R 基金会的核心开发团队负责软件研发，每个研发人员也都要对每个包的质量负责。这也使得编程语言在实际使用过程中存在质量和多样性问题。为了确保质量，对每一位用户而言既可以提交错误报告，也可以下载软件包升级软件。软件包数量是一定的，下载次数多寡不一。根据 2013 年初统计数据，图 9.3 反映了 CRAN 数据库中下载次数排名前 100 的语言包，其应用较为广泛。

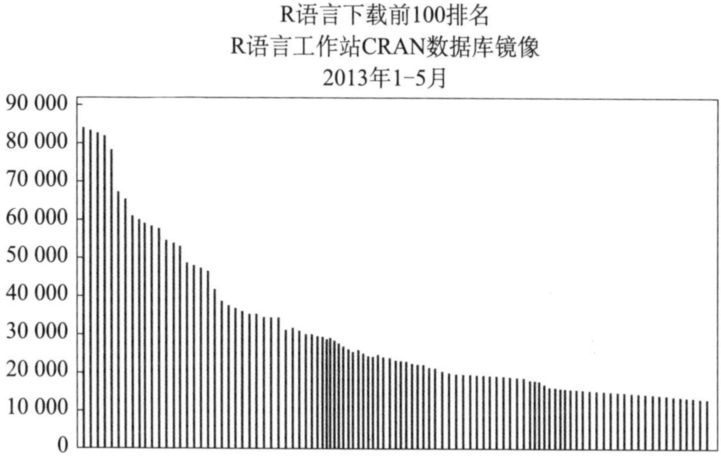

图 9.3　R 语言包：长期实际影响结果

R 语言基金会持有 R 语言软件版权，由 GNU General Public License 公司认证用户。R 语言有两个主要商业流通渠道：Revolution R Enterprise（RRE）和 Oracle R Distribution（ORD）。TIBCO 软件公司负责 R（TERR）语言在使用 TIBCO 的企业运行时的环境配置，R（TERR）语言是商用 S-

Plus 语言的变体。大多数供应商提供商业分析软件或数据管理平台，通过这些平台能连接到 R 程序，或能实现在其他功能中嵌入 R 语言脚本。

R 语言基本配置包括进行数据交互、使用和脚本开发的内置控制台。然而，许多 R 语言用户更愿意使用集成开发环境（IDEs）或 GUI 界面。R 语言最著名的商业界面是 RStudio，其他则包括 Eclipse 界面、EMACS 界面、R Commander 界面、Rattle 界面和 Revolution Analytics 的 Revolution Productivity Environment 界面。

R 语言的关键优势是具有综合功能、可扩展性和低成本。主要缺点是采用自由市场式的软件开发方式，产生大量重叠功能，缺乏精确标准和产品质量的差异性。而商业化质量认证、培训和用户支持，在一定程度上弥补了这些劣势。

R 语言的另一致命弱点在于无法处理超过机器内存量的数据集。一些开源工具就基本解决了这个问题；此外，Revolution Analytics 的 ScaleR 语言包支持内存不足情况下的大数据分析。

SAS™编程语言

美国 SAS 研究所开发的 SAS 语言是一种命令式编程语言，同时也利用 SAS 编程语言开发分析工具和软件。世界各地的企业组织都在使用 SAS 产品，大多数用户认为 SAS 是分析行业领导者。事实上，很难去衡量 SAS 编程语言的使用范围和影响广度。对分析师和数据挖掘人员的广泛调查显示，SAS 通常排名远低于 R 语言和其他开源工具。

SAS 编程语言包括两类通用编程步骤。SAS DATA 步骤读取数据，以各种方式处理数据，并创建 SAS 专属数据结构的数据集。SAS PROC 步骤是分析运行过程，这一过程中 SAS 数据集运行后输出用户定制的分析结果。SAS PROC 的运行结果可能以展示、报告文件或 SAS 数据集形式显示。一个 SAS PROC 的输出结果可输入另外一个 SAS PROC 中运行。

SAS 研究所拥有软件版权，并授权发布软件。大多数 SAS 程序员利用 SAS 软件运行程序；然而，也有人选择其他软件。法院裁定 SAS 编程语言自身没有产权保护，也不受专利权限制。World Programming 有限责任公司发布了一套 World Programming System（WPS）软件，为用户提供创建、编辑和运行用 SAS 编程语言编写的程序。DAP 是通用公共许可证（GPL）的可用开源项目，尽管其功能有限，却为 SAS 程序提供了可扩展的运行时环境。Dulles Research 公司推出商务软件 Carolina，能够将 SAS 语言转换为 Java 语言，公司将这款软件定位为转换工具，而不是运行时环境。

SAS 为 SAS 编程语言提供了在 Windows、Linux、Unix 和大型机操作系统下的运行时环境。除了这些平台，WPL 在

Mac OS操作系统下支持 WPS 运行。在 SAS 运行时环境中，大多数 SAS 编程步骤单线程运行；WPS 中的相同程序多线程运行。

为了解决 SAS DATA 步骤中的主要受限问题，SAS 开发了 DS2 软件，这是面向对象的程序设计语言，适用于高级数据处理。SAS DS2 在以下五个运行环境中，不支持运行标准的 SAS DATA 步骤：

- SAS 联合服务器
- SAS LASR 分析服务器
- SAS 嵌入处理
- SAS 企业数据挖掘
- SAS 决策服务

许多 SAS 程序员在系统中嵌入 Display Manager，它是集成开发环境（IDE）捆绑的基础模块。最近，SAS 推出 Enterprise Guide，其在 Windows 客户端应用程序下，具有内置工具开发代码以及基本报告的功能。World Programming 提供 WPS 工作平台，一个基于 Eclipse 的基础开发环境平台，便于用户使用 World Programming System。

SQL

SQL 是最初用于构建关系数据库的编程语言。最近由 O'Reilly Stratas 公司发起的针对数据科学家的调查显示，

71%的受访者使用SQL语言的频率比使用其他语言更高。

早在20世纪70年代，IBM开发人员开发出编程语言，80年代随着关系数据库的广泛使用，编程语言迅速发展起来。近些年来，SQL的使用率已超过传统关系数据库，也超过软件定义的SQL平台，如Hive或Shark这样的数据库工具。

SQL是一种说明性集合语言，而不是必要的过程语言，如SAS或BASIC语言。1986年，美国国家标准协会（ANSI）定义了标准的结构化查询语言（SQL）。随后，1987年国际标准化组织（ISO）也进行了定义。SQL标准定义准确，但是数据库供应商以各种方式偏离所定义的标准，这就限制了代码在平台之间的可转移性。

SQL扩展了过程编程功能。ANSI标准扩展为SQL和平台相关模型（PSM），供应商特定扩展包括Oracle的PL/SQL、IBM DB2的SQL PL以及Teradata的SPL。

数据库管理员使用SQL来创建和管理数据库，通过SQL可以创建表、删除表、创建索引、将数据插入表、更新一个表中的数据、删除数据，并执行其他操作。分析师将关系数据库作为“沙箱”，也可以使用SQL的这些功能。更为常见的是分析师使用SQL从关系数据库中选择和检索数据，用于其他分析操作。

ANSI SQL包含一些基本的分析能力，包括标量函数、聚合函数和窗口函数。标量函数操作单个值，包括诸如数字操作和字符串操作。聚合函数操作并返回一个值的集合汇总值，其中包括常见的统计功能，如计算、总和、平均值、方差、标准差、相关性和二元线性回归。窗口函数类似于聚合函数，使得用户可以进行数据分区操作、定制数据或利用移动“窗口操作系统”来定义组的值；这些功能支持如累积分布函数、数据归类和排序的操作。

除了基本的统计支持聚合函数，ANSI SQL 标准不包括高级分析。数据库供应商如甲骨文公司（Oracle）提供 SQL 扩展分析的特定平台。更高级的数据库支持表函数，可以嵌入编写程序的通用语言（如 C、Java、Python 或 R），利用分析库编辑这些语言。

SQL 的核心优势在于标准化、中立性平台和基本数据操作的实用性。尽管在材料方面，SQL 专供版本脱离了 ANSI 标准，但是最基本的跨平台操作方式是一致的。而且大多数用户拥有强大的 ANSI SQL 学习背景，可以快速掌握 SQL 专供版本。因为大型企业中 SQL 平台运用很普遍，如果分析师尝试检索和操作数据，就有必要对 SQL 平台有基本的了解。

SQL 平台在分析方面的主要弱点，是缺乏标准化高级分析算法。大多数现有的功能是专供版本的扩展或表函数，这些都难以实现跨平台接入端口。

商务用户工具

我们将一个商务用户的分析界面定义为工作流隐喻的图形界面，它使用户可以将项目视作一系列相关任务项。随着新的供应商不断出现，服务于商务用户的分析软件市场竞争日益激烈。总结起来，目前市场上有七种主要的软件产品。

Alteryx 软件

Alteryx 公司成立于 2010 年，推出 Alteryx Analytics 这款商务用户工具，它具有数据融合和高级分析功能。Alteryx Analytics 为分析人员提供可视化界面，使用户能够合并来自各种数据源的数据，然后在单独的工作流程中执行高级分析。利用 Alteryx 数据混合工具，用户可以整合企业内部、第三方和云上数据；进行预测分析、空间分析，或把自定义 R 语言代码嵌入工作流程当中。以上功能的实现并不需要编程，只要使用拖放工具即可。Alteryx 公司声称，这种方法比之编程分析可大大节省时间。

Alteryx 公司主要的技术合作伙伴有 Cloudera 公司、Qlik 公司、Revolution Analytics 公司，尤其是 Tableau 公司。目前，Alteryx 公司拥有 400 多家客户，其中包括益百利集团公司（Experian）、恺撒公司（Kaiser）、福特公司和麦当劳公司，用户超过 20 万。

Alpine 软件

Alpine Data Labs 是数据库供应商 Greenplum 公司启动的一项高级数据分析项目；2010 年，美国易安信公司（EMC）收购 Greenplum 公司时，Alpine 成为独立的供应商开始运营。最初的品牌名为 Alpine Miner，现在简化为 Alpine，最新推出 3.0 版本。

与市场上同类产品比较而言，Alpine 的特点是分析功能更具可选择性，最主要的区别是 Alpine（品牌名为 Alpine Chorus）的扩展性，可以为企业数据提供人性化目录。

Alpine 平台支持的产品相对有限，由其领先的云平台支持。Alpine 通过 Pivotal Greenplum 数据库，利用 Pivotal、Cloudera、MapR Hadoop distributions 这些云计算平台，提供下推存储整合服务。

IBM SPSS Modeler 软件

Integral Solutions Limited 是一家英国软件供应商。1994 年，Clementine 品牌名下发布 IBM SPSS Modeler。当时，ISL 公司声称这是第一款采用图形用户界面的商用分析软件。1998 年，IBM 收购了 SPSS。2009 年，IBM 被反收购。为了吸引商务用户，软件突出的特点是大量采用工作流程隐喻。

IBM SPSS Modeler 支持范围广泛，如预测分析、文本分析、实体分析和社会网络分析。IBM 将产品打包为三个“版本”，即黄金版、专业版和增值版。这三个版本的功能递增。IBM SPSS Modeler 还具有用户自定义分析的定制脚本处理功能。

IBM SPSS Modeler 客户端需要在 Windows 环境下运行；服务器版在 AIX、Linux、Solaris 和 Windows 上运行。IBM SPSS Modeler 支持一系列数据库的库内操作，包括 DB2、Oracle、PureData、Sybase 和 Teradata 等数据库。数据库内操作功能有基表操作、数据准备、库内分析算法集成和评分。

RapidMiner 软件

RapidMiner 公司开发和销售分析软件，于 2006 年推出该产品，品牌冠名 RapidMiner，提供商务服务和技术支持。RapidMiner 软件始于多特蒙德工业大学于 2001 年启动的一项预测分析项目。软件最新版本是 RapidMiner 6.0。

RapidMiner 软件利用程序控制脚本语言，支持一定程度的高级分析法。建模向导加速了预测建模过程。这款软件大大扩展了自定义分析功能。

RapidMiner 可在 Windows 系统运行，也可在 Linux、Mac OS 和 Unix 操作系统中的 Java 运行时环境下运行。它通过开放式数据库（ODBC）连接数据，也支持 SQL 功能，但不能进行库内操作或云下操作，其可扩展性限制服务器支持范围。

SAS Enterprise Guide 软件

SAS 公司的 Enterprise Guide 是微软 Windows 客户端应用程序，它为 SAS 编程语言提供了一个人性化的服务界面。SAS 将 Enterprise Guide 置于 SAS 主要用户界面和免费下载基础模块界面。

据 SAS 内部人士估计，约有一半 SAS 客户在用 Enterprise Guide。然而，由于用户可以免费下载软件包生成基础模块，实际用户可能更多。企业中许多经验丰富的 SAS 用户，能够用 Enterprise Guide“code node”简单地编写代码，而不依靠代码生成和查询生成此类的功能，这往往会生成次优代码。

SAS Enterprise Miner 软件

SAS Enterprise Miner 是 SAS 主要的机器学习平台。为了响应已经推出的 Clementine 平台、Quadstone 平台和其他数据挖掘平台，1998 年，SAS 公司首次推出第一版 Enterprise Miner 软件。最新产品是 Enterprise Miner 12.2 版，但该产品在 SAS 客户群渗透率相对较低，仅为 10%左右。

SAS Enterprise Miner 提供了一套全面的机器学习算法，包括最受欢迎的决策树分析法、神经网络分析法和支持向量机法。

Enterprise Miner 是基于工作流程的数据挖掘可视化平台。界面外观类似于 Enterprise Guide 和其他 SAS 终端用户产品。

SAS Enterprise Miner 通过 SAS 网格管理器（SAS Grid Manager）使用分布式环境；通过 SAS 高性能分析服务器（SAS High-Performance Analytics Server）使用高性能设备。最常见的应用情况是在一台服务器上运行；这种情况下，Enterprise Miner 与 Legacy SAS 面临同样问题。SAS Enterprise Miner 通过 SAS 或 ACCESS 利用数据资源，Legacy SAS 也一样。与 Legacy SAS 不同，SAS Enterprise Miner 可以导出 PMML 格式、C 语言或 Java 语言的预测结果。SAS Enterprise Miner 也可以通过 SAS Scoring Accelerator 输出评分结果。

Statistica 软件

Statistica 是 StatSoft 公司推出的一套高级分析软件，该公司位于美国俄克拉何马州塔尔萨市。1984 年 StatSoft 公司推出首款 Statistica 软件，最新版本是 Statistica 12.0。2014 年 3 月，戴尔公司宣布收购 StatSoft 公司。

Statistica 软件套件包括 14 个模块，支持统计、多元分析、数据挖掘、数据提取转换加载、实时打分、质量控制、过程控制及垂直解决方案。相对市场上的其他软件产品，其功能很全面。

StatSoft 仅支持 Windows 系统的统计软件客户端和服务

器版本。StatSoft 支持单机多处理器，但不支持分布式处理、数据库内处理或云下运行。Statistica ETL 支持连接 Oracle 数据库和 SQL Server 数据库。Statistica 软件分析模块，输出远程打分的 PMML 文档。

总结

本章我们总结了现代企业中典型的分析用户类型。经验丰富的分析用户，包括权威分析师和数据科学家，他们常用分析编程语言，如 R 语言、SAS 或 SQL。业务用户，包括业务分析师和分析消费者，常用便于商务使用的软件。我们介绍了六种可用产品。表 9.1 表明每类分析用户适用的工具。

表 9.1　　分析用户使用的典型分析工具

	编程语言	业务用户工具
权威分析师	R 语言 统计分析系统（SAS）	**SAS Display Manager** **SAS Enterprise Guide**
数据科学家	**Java** **MapReduce** **Python** **R** Scala	不适用
业务分析师	不适用	**Alpine** **IBM SPSS Modeler** **Rapid Minder** **SAS Enterprise Guide** **SAS Enterprise Miner** **Statistica**

续前表

	编程语言	**业务用户工具**
分析消费者	不适用	微软 Excel 网络商业智能工具 商务应用软件

说明：黑体字表示本章详述的分析工具

企业应当满足所有分析用户的需求，促进企业内各部门间协作及提供定制化服务。每位分析用户都不可能单兵作战，有经验的分析用户能够与业务用户共同分享应用程序，反之亦然。分析用户借助编程工具，解决数据复杂性和不透明问题。干净和透明的数据结构，有利于商务分析。

第十章

分析平台

概述

最佳分析平台是什么样的？众说纷纭：传统基于服务器的软件、数据库分析、内存分析、云上分析等等。前一章介绍了各种分析工具，利用这些工具，终端用户与计算环境实现交互。本章侧重分析计算的讨论，见图 10.1。

数据是原始分析资料，分析赋予数据价值。任何分析架构遵循的最重要维度，就是计算集成数据方法。数据源整合程度直接影响分析专家的数据处理量、数据培训量和分析周期的长短。

本章分两部分讨论高级分析法通用架构。第一部分是预测分析的通用构架；第二部分是高效的 SQL 平台。

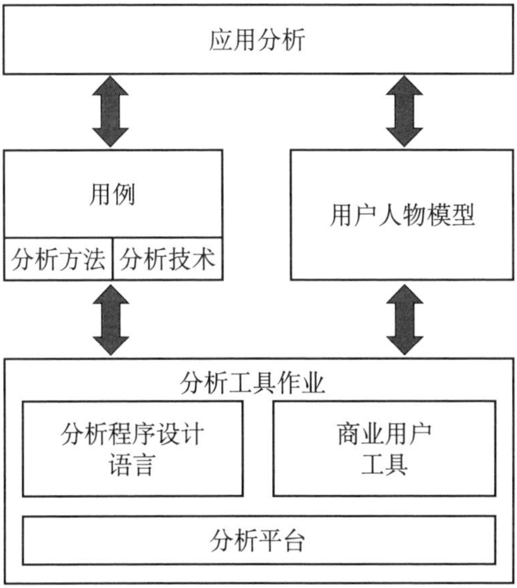

图 10.1　现代分析框架

预测分析架构

在第八章“预测分析方法”中，介绍了围绕预测分析任务的复杂工作流程。虽然准确的工作流程取决于需要解决问题的性质，而且各个企业之间的流程也存在差别，但是图 10.2 所示流程具有一定的代表性。

分析任务与数据的集成，有四种不同的实际应用架构：

● 独立分析——分析任务整体运行于全部数据源之外的独立平台。

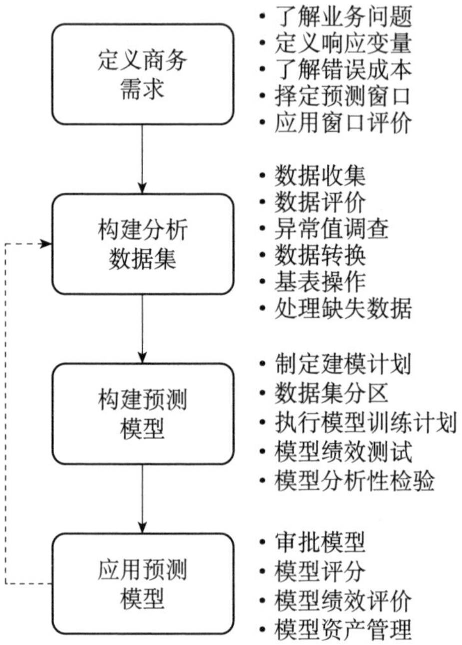

图 10.2　预测分析方法

- 部分集成分析——独立平台建模，在数据源中准备数据和应用模型。
- 数据库内分析——所有分析任务在大规模数据库内并行。
- In-Hadoop 分析——云上运行分析任务。

接下来，逐一分析讨论这四种架构。

独立式分析架构

独立式分析架构中（如图 10.3 所示），分析人员在独立的数据源工作站或服务器环境内运行分析任务。从原子态数据源中挖掘原始数据，然后在分析环境内汇总和清洁数据。准备好数据后，执行高级分析和存储预测模型。在模型应用过程再次提取生产数据，通过分析引擎进行评分，返回到生产环境上传和使用模型评分结果。

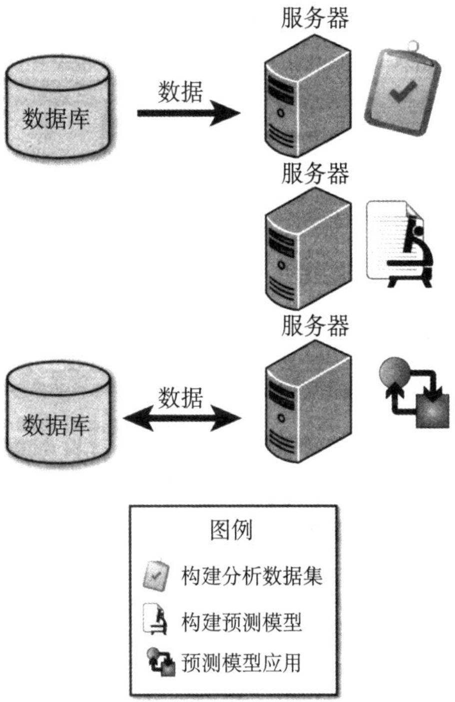

图 10.3 独立式分析架构

以上分析架构一直被业界广泛认可，是目前众多企业遵循的标准分析惯例。评分过程是高强度劳动，对分析团队要求较高；因此，这一架构不适应最新的、低延迟性评分模型应用。许多重视分析投入的企业，基本不采用或正在考虑摒弃这种分析架构。

某些情况下该分析架构运行效果良好。只需少量数据即可进行分析应用，而分析应用的成果是一份分析报告或图表而不是预测模型，也不是未必能完成的一项“一次性”生产分析项目。模拟分析或复杂的方差分析属于此类应用。此类应用能够从数据库平台上获得更大收益，如图形处理单元（GPU）的“附接盒”或内存数据库，而不仅仅是数据库整合本身所获得的收益。

部分综合分析

在部分集成结构（见图 10.4）中，用户在数据源平台完成某些分析工作，而在一个独立分析平台上执行其他任务。通常情况下，用户在数据源内处理数据，将得分推送到目标数据库或决策引擎上。分析任务与分析工具相对应，实现了生产力的最大化。

对于数据源的集成，不是提取所有微粒数据，并在分析环境下“自下而上”建立分析数据集，而是分析师用本地工具，如 SQL 语言工具或 ETL 工具，在数据源中建立分析数据集。然后提取已建数据集移动到分析应用环境中，完成数据准备工作，利用数据库环境中无法获得的分析技术建模。

尽管分析师可以直接利用本地工具执行操作，但他们更愿意选择自己钟爱的供应商提供的分析界面。分析师利用各种不

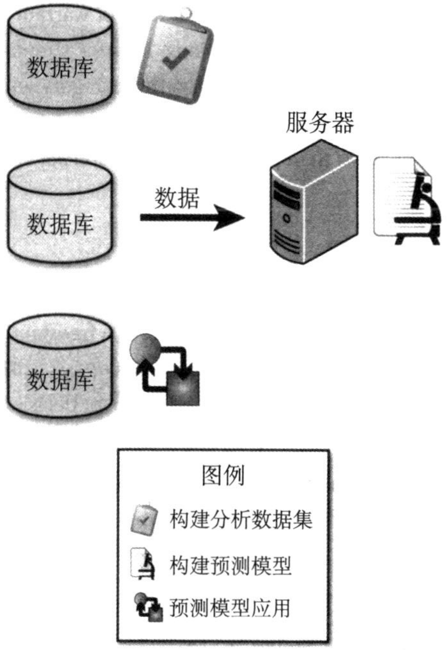

图 10.4　部分集成分析图

同类型的数据源界面，以远程用户的身份登录到目标数据源运行指令，执行整体分析流程。这种方法非常灵活，但用户必须明确并正确掌握该数据源指定的相关编程语言。

IBM SPSS 公司、Alpine 公司及其他供应商提供“下推式”集成服务，将用户请求转换为特定平台命令。“下推式”集成服务更容易使用，因为分析师不需要掌握专业的编程语言知识。但是界面本身对应用支持是设限的，因此这种方法缺乏固有的灵活性。

对于评分和预测，分析师不对分析环境中的新数据打分，而是分析产生的对象或可执行代码，并将其传递到数据库的生产数据库内。大多数分析软件包以通用编程语言格式导出分析模型，如C语言、Java语言、Python语言，或者预测模型标记语言（PMML）。也有一些特例，例如“Legacy”SAS软件，如Base SAS、SAS/STAT等，以SAS语言格式输出模型。SAS Enterprise Miner以C语言、Java语言格式或PMML文件格式输出模型，有一定的局限性。SAS Scoring Accelerator将特定计分函数输出到指定数据库，但它仅适用于SAS Enterprise Miner。

非常遗憾的是，只有当分析建模环境模式与目标环境模式相匹配，自动评分模型才能集成运行。这种分析模型并不是对生产模式的完全复制；它可能是子集，但不是超集。字段命名和其他运行规范必须一致；否则，生产数据库或决策引擎将无法解释分析应用程序生成的评分模型。

分析模式与生产环境不匹配，就只能手动建模，这将延长6个月之久的项目周期。出人意料的是很多企业仍然采用手动编程建模。

库内分析

我们用“库内分析”（in-database analytics）来指代预测分析引擎与数据库在同一物理平台上运行的结构（见图10.5）。所有分析任务在同一个物理环境下运行，数据不必在平台间转移。

图 10.5　数据库内分析图

主要的关系数据库如 DB2、Oracle，MPP 数据库如 IBM PureData 和 Teradata 都具有高级分析功能。库内分析工具并不鲜见：1987 年，Teradata 公司首次推出 Warehouse Miner；1993 年，IBM 公司推出 DB2 Intelligent Miner。1999 年，Oracle 公司收购 Thinking Machines 的数据挖掘软件，并于 2003 年将其与 Oracle 数据库软件整合。

最近推出的 MPP 数据库如 IBM PureData for Analytics（Netezza）和 Pivotal Database（Greenplun），逐步被分析人士

所接受，使用率不断增加。例如分析引擎与数据库引擎的合并引起人们的关注。IBM PureData 具有分布式机器学习算法数据库，名为 IBM Netezza Analytics。Oracle 开发了类似数据库，名为 Oracle Advanced Analytics Option。Pivotal Database 虽然缺乏本机分析，但客户可利用 MADLib 开源数据库进行机器学习。Teradata 以供应商为核心的分析服务供应模式，支持客户进行 Fuzzy Logix、Revolution Analytics、SAS 及 TIBCO 等库内分析。

由于缺乏平台库内分析的统一标准，每个供应商建成了自己独特的数据库；数据库供应商采用不同的分析法，使其产品区别于同类产品。不尽如人意的是，标准缺失限制了数据库的广泛应用。许多供应商使用不同的数据结构，因此无法实现模型在各个平台间的顺利转移。

通常有两种方法实现跨平台的库内分析。其一，建立分析数据库，通过在多数据库平台上利用表函数执行分析。Fuzzy Logix 是一家独立的分析供应商，运用此类方法在多数据库平台上为用户提供 DB Lytix 数据库。截至本书撰写期间，如下数据库平台上可用 DB Lytix：IBM Informix、IBM PureData、Microsoft SQL Server、Par Accel、SAP Sybase、Teradata Database 和 Teradata Aster。

实现跨平台库内运行的另外一种方法，就是一些 MPP 数据库供应商鼓励使用开源数据库 R。这种方法适用于大量并行操作和数据并行应用，但提供集成服务具有一定挑战性，且供应商所起作用往往是有限的。HP Vertica 推广在 Vertica 平台上利用开源数据库 R 运行的分布式计算框架（Presto）。IBM Pure Data 发布各类 R 软件包，使 R 用户可以通过 R 远程控制台提交工作。

Oracle 公司自主推出 R 语言数据库，包括 Oracle R Distribution 和 Oracle R Enterprise。这两款软件的特点是，可以将 R 函数推送到 Oracle Database 和 Oracle Big Data Appliance 两大数据库中。在 Revolution Analytics 平台上，Teradata 支持 Revolution R Enterprise 实现 Teradata Database 库内运行。

某些特定情况非常适合库内运行结构，包括预测模型评分，大型的全数据集且数据不能离开数据源库的分析。例如，临床试验数据是后一种情况的典型，企业为了确保数据安全性，通常会人为干预数据移动。因此，库内分析结构对这些企业尤为重要。

Hadoop 分析

虽然 Hadoop 分析的优点与库内分析非常像，但是库内分析技术的选择和 Hadoop 高级分析完全不同。Hadoop 仍处于发展初期；Hadoop 查询工具没有 MPP 数据库那么成熟，也比 MPP 数据库操作难度大。

Hadoop 较之 MPP 数据库有明显的成本优势，而且 Hadoop 文件系统支持各种数据并无须预先建构数据，所以它特别适合充当分析平台。由于这个原因，Hadoop 高级分析应用迅速普及。

目前，Hadoop 高级分析可选择项目有限；最基本选项是开源项目，而且对用户的分析技能要求比较高。在大多数情况下，分析师必须用 MapReduce 或其他编程语言编写算法程序。

MapReduce 设计加密数据输入，并保存分析结果数据集；这种方法对处理大量并行和数据并行问题非常有效，但是无法执行图形并行、迭代分析和流媒体分析。在 Hadoop 分析发展史第一阶段，分析研发者推出 MapReduce，这是将分析法集成到混合工作负载设备的唯一途径。最重要的现代分析开源项目有 Apache Hive、Apache Mahout 和 Apache Giraph。

Apache Hive 为用户提供汇总服务、查询服务，利用 SQL 升级换代产品（HiveQL）提供分析应用服务。2007 年 Facebook 研发人员启动 Hive 研究项目，2008 年发布 Hive 开源项目版本。后续章节会介绍 Hive 在 Hadoop 分析平台的 SQL 应用。

2008 年 Apache Mahout 项目启动，支持 Hadoop 机器学习算法数据库。虽然 Hadoop 大多推送包括开源项目 Mahout，但是从未吸引大量企业用户或者研发人员，也没有得到更多商业支持。Mahout 支持大量非监督学习功能，但很多算法支持率偏低。该项目团队计划放弃 1.0 版本前支持率较低的算法。

Apache Giraph 是谷歌开发的高扩展性图形引擎。2012 年，Apache 推出孵化器项目 Giraph，Facebook 公司声明 Giraph 所支持的社交图谱终端超过 1 万亿。Giraph 和 Mahout 相同，由 Hadoop 分布式文件系统（HDFS）接入，在 MapReduce 库内执行本机操作。

除前述开源项目外，三项获得商业许可的软件产品将通过 MapReduce 与 Hadoop 实现整合。包括 Alpine Data Labs 的 Alpine 软件；IBM SPSS 的分析服务器，这个后端组件利用 IBM SPSS Modeler 将用户请求转换为 MapReduce 函数格式；以及利用 Revolution Analytics' ScaleR 软件包将 R 语言用户请求转换为 MapReduce 格式。

随着 YARN 工作负载管理功能的开发，目前研发人员能利用 Hadoop 文件系统引入分析法，无须转换为 MapReduce 格式。本章介绍了最重要的开源项目：Impala、Shark 和 Stinger 快速查询，H20 和 Spark MLLib 机器学习，GraphLab 和 Spark GraphX 图形引擎，以及 Spark Streaming 流分析。我们在本章“SQL-on-Hadoop”小节中将讨论关于快速查询项目。

Oxdata（Hexadata）启动了 H2O 开源项目。该项目包括分布式内存算法库，也包括独立的集群分析或大数据分析。Oxdata 先免费为企业提供软件，再磋商技术和支持服务协议。

Apache Spark 是 Hadoop 内的内存信息处理平台。Spark

支持多个子项目，包括 MLLib 机器学习、GraphX 的图形引擎、Shark 快速查询和 Spark Streaming 流分析。Spark 适用所有的 Hadoop 文件格式，支持使用 Scala 语言、Java 语言、Python 语言和 R 语言的界面。截至 2014 年 2 月，云计算服务供应商 Cloudera 在开源软件基础架构 Hadoop 内推送 Spark，启动 Databrick 提供商业化分析服务。

GraphLab 是图形分布式计算框架，2009 年由卡内基·梅隆大学首发，目前已经发布 2.2 版本，吸引了大量企业研发人员和用户。GraphLab 包括多个数据库或工具包支持图形分析（例如 PageRank 和三角形计数器），还包括图形建模分析，主题建模（包括文档聚类和局部建模），聚类分析，协同过滤算法，图像推理工具。2013 年 GraphLab 公司推出商业化开源项目 GraphLab。

商业软件供应商推出在 Hadoop 内的两项高级分析附加功能。分析行业领导者 SAS 提供高性能内存分析软件；软件经过深度开发，采用 YARN 资源管理系统，吸引了更多用户。

云上分析

企业可以本地执行或在“云上”运行任何以前的分析框架。我们对各种类型的云计算不作详细讨论。本节我们简要介绍在整体分析架构上云计算发挥的作用。

云计算是分布式计算的资源汇总，终端用户对提供工作负载的硬件设备进行一定控制，提交作业到云上的一种分析方式。云计算可能是公共云，如 Amazon Web Services，或者专门服务于企业的私有云。公共云服务包括只是定期租用 IT 基础设施，也包括专项分析应用，如亚马逊商城提供的服务。私有云包括企业自有硬件设备、共享资源或二者的组合。

通常，创业公司和小型分析服务供应商比较依赖公共云。大型企业则可能更偏爱私有云，一些企业有特殊分析安全与隐私要求，也会选择私有云。

以下五种不同情况适宜进行云上计算分析：

- 企业 IT 基础设施规模有限；
- 分析服务提供商向用户收费；
- 分析小组承担不可预测的工作负载任务；
- 企业有可预测的峰值工作负载；
- 分析团队 IT 技术支持薄弱。

创业企业往往缺乏资金完善 IT 基础设施。云计算基础设施投入可能比普通基础设施投入更大，但在云上能实现规模经济，能够促进小微企业快速成长。云计算架构灵活，利于企业专注核心业务。

分析服务供应商包括咨询顾问、广告代理商、分析“精品店”及类似企业。这些企业也可能是初创企业，前述关于如何节约资本的论述对这些企业同样适用。服务供应商面对往往很难预测工作负载的难题。如果增加一个客户端，分析工作量就会成倍增长。客户缴纳相应服务费用，而云计算平台简化会计核算和计费问题。

高级分析属于计算密集型，会产生大量不可预测的工作负载。这就是数据库管理员通常不允许用户库建模的原因。如果建设分析团队专用基础设施以支持峰值负载，计算资源大部分时间将被闲置。因此，明智之举就是利用私有云或公共云服务。

分析应用也可能产生多变却易于预测的工作量。例如，银行运行月度 Basel 报告；月底查询和报告峰值是银行经理业绩比较和规划的依据；从春季规划到圣诞节的分析预测报告，分析零售商工作量变化较大。另外，分析应用便于企业区分基础工作、峰值工作负载和云计算峰值负载。

最后，云平台有益于内部 IT 基础设施匮乏的内部分析团队。分析师往来于企业内部业务部门，可能与部门内 IT 团队产生矛盾。尤其在传统企业中，出于成本控制或注重程序化的缘故，更容易发生冲突。快节奏的营销部门这方面问题更为突出。分析团队利用公共云计算就能更快响应客户需求。

云计算分析应用受安全性和数据移动两个问题的限制。安全问题主要是内部系统更容易被黑客攻击。安全问题对公共云产生的负面影响大于私有云。

由于数据上传需要花费大量时间和精力，因此云上大数据集分析应用受到一定限制。当然，一些企业已利用云上源数据分析，就不存在这个问题。另外，无论本地或云上分析都需要移动数据，前提是数据移动到云上无须花费大量额外时间。

随着分析工作管理量的增加，分析人员会采用计算密集型技术，因此越来越多的研发人员会转移到云端预测建模。模型评分包括大量平行运行和高度密集的输入输出工作量，企业可能库内建模、本地建模或云上操作，应视情况而定。

现代 SQL 平台

20 世纪 70 年代初，IBM 公司开发了 SQL。到 80 年代初，SQL 已经成为应用非常广泛的数据库语言，这很大程度上归功于 Oracle 的推动。在此期间，数据库主要用于创建和修改个人交易、在线交易处理（OLTP）。这些运行处理可以优化个人记录，捕捉交易数据，但通常不用于分析工作，而常用于数据聚类或列处理。几十年来，SQL 功能进一步扩展，如函数计算功能。利用函数功能，可计算平均值、最小值、最大值及合计。

20 世纪 80 年代初，存储大数据的数据仓库逐步普及，为开启数据分析提供了便利条件。90 年代中期，库内分析数据刚刚兴起，最初是 SQL 数据库内的收敛分析。如果不从数据仓库中提取数据，分析用户可以在库内嵌入复杂的分析运算。然而，编写复杂的分析代码非常具有挑战性。直到 20 世纪初，数据库内分析开始受到青睐。为了使它更好地服务数据库用户，厂商开始在数据库平台嵌入丰富的分析库。虽然数据库内分析有一定优势，但该技术在市场上仍未得到充分利用。

什么是现代 SQL 平台?

Edgar Codd 公司最早推出 SQL 数据库语言，人们利用它更易于创建和执行关系数据库表操作。仅仅用了十年的时间，SQL 就成为功能最强大、最为成熟、应用最广泛的数据库语言。SQL 平台具有用户问答交互能力，但大多情况下仍然是脱机批处理。

OLTP 数据库是传统的通用数据库。OLTP 数据库出现在 20 世纪 70 年代左右，它可以确保库内交易处理的可靠性。目前，这套数据整体属性是指 ACID（Atomic，Consistent，Isolation，Durability）标准，即数据具有不可分割性、一致性、隔离性和持久性。

传统意义的数据库专门用于生成关系数据库报告和 OLAP。此类数据符合 ACID 标准，比较成熟。

2006 年，Hadoop 一经推出，传统数据库和数据仓库市场不再平静。它是一个开源软件资源框架，用于商用硬件分布式存储和处理非结构化大数据。Hadoop 设计灵活，具有集群容错功能。

Hadoop 为数据库市场创造了一个不断延伸发展的开源数

据平台。2009年左右，NoSQL数据库诞生，它与传统数据库的不同之处在于：

- 非关系分布式数据存储；
- 无须SQL语言能力；
- 无须符合ACID标准。

NoSQL数据库采用不同存储结构，包括树形结构、图形结构和键值对结构。随着非数据库的成熟，已经开发出“终极一致性”的整体数据模型，它具备完全兼容ACID数据的功能。

NoSQL数据库最初没有SQL功能，随着NoSQL数据库升级换代，兼具类似SQL的功能。区别于OLTP和数据仓库，这种技术最重要的贡献之一是视野缩放功能的突破。这样NoSQL数据库就可以利用商用硬件设备大大降低数据库和建库成本。容错性是NoSQL数据库的另一重要功能。

随着NoSQL数据库诞生，在借鉴传统数据库、数据仓库及非关系数据库功能优势基础上，2011年新SQL平台诞生。重要的是新SQL平台提供视野缩放功能、更快的交易处理和容错功能、SQL界面及与ACID标准兼容。

现代SQL平台不同于传统的SQL，主要体现在如下几个重要方面：

- 商用硬件视野缩放功能；
- 易于采集和处理任何数据；

- 更高效的查询和分析处理能力；
- 数据完整性和一致性；
- 用户可配置分布式处理与容错之间的平衡。

现代 SQL 平台在商用硬件上利用分布式处理架构，真正实现容错的外向视野缩放功能。虽然现代 SQL 平台兼容 ACID 标准，而且能够承受的工作负荷大大增加，但是天下没有免费的午餐，为了与这些平台相容，需要锁定数据进行修改。每个平台或者通过默认来判断是否相容和执行命令，或者允许用户操作来实现。

现代 SQL 平台具有处理大字符和字符串功能，能够全面管理无限量、可变长度字符。此外，现代 SQL 平台能够快速处理大数据集、网络规模数据集而不仅仅局限于有限数据子集处理。目前，三个主要的现代 SQL 平台包括：

- MPPC 大规模并行处理数据库
- Hadoop 内的 SQL 平台
- NewSQL 数据库平台

每个现代 SQL 平台支持一种或多种分析查询和处理：

● 批处理 SQL：后台批处理查询休眠数据。高延迟查询运行时间需要 20 分钟到 20 小时。通常用于大数据提取转换加载处理、数据挖掘、预测建模。

● 交互 SQL：在线交互查询休眠数据时，用户等待响应。查询时间通常为 100 毫秒到 20 分钟。通常用于传统商业智能报告、可视化查询服务及特别查询和报告。

● 实时或可操作用户量较大的休眠数据实时查询或 SQL 高并行交易处理。100 毫秒以下低延时查询，通常用于只读方式的大数据在线分析（OLAP）、点查询和针对小数据集的网络应用。

● 流处理 SQL：连续查询和动态数据的滑动时间窗实时分析处理。例如最后 5 分钟内检测出多少异常值，10 毫秒以下低延迟查询，常用于算法交易、实时广告定位、实时欺诈检测和实时网络入侵检测。

SQL 支持通过多种机制分析：

● SQL 内置函数：基本描述性分析函数，如平均值函数、计数函数、百分比函数、标准差函数等。

● SQL 用户定义函数（UDF）：为用户提供自编函数的功能，通常可以利用简单编程语言如 Java 语言、C 语言或C＋＋语言。

● SQL 分析函数库：包括 SQL 分析函数和 SQL 用户定义函数。它是典型的第三方函数库，包含统计函数、预测分析函数和机器学习函数等。如 Fuzzy Logix 的 DB Lytix、开源项目 MadLib 也属于此类函数库。

接着，我们进一步讨论现代 SQL 平台与通常强调的行业标准之间的主要不同之处。

MPP 数据库

MPP 通常使用无共享架构，从单个服务器中将数据和工作负载分配到各个独立计算节点。工作量的划分增加了数据库运行量。传统数据库先将所有数据编组传递到中心节点，然后执行计算任务。而 MPP 数据库则不必移动数据即可查询和计算，它是目前商业利用率最高的数据仓库。

（一）设备概念

分析设备由硬件和相应软件构成。数据仓库设备通常包括 MPP 数据库硬件设备，它是目前市场上最为成熟的分析设备。设备概念超出单纯的特定数据库所需的软硬件设备，它意味着软硬件协调与紧密契合。

（二）优点和缺点

优点	缺点
垂直扩展（大量行的处理）	微量或无横向扩展（额外节点增加或处理新增工作量的服务器）
批处理和交互式 SQL 功能	实时或流式 SQL 语言功能
ACID 数据库	兼容专业高端硬件
突出企业运行特点	

（三）商用产品

有几款可用的商用 MPP 产品，虽然并未涵盖所有 MPP 供应商，但这些产品较适宜企业使用。这里我们讨论这些产品在分析方法方面的主要差别。

1. HP Vertica（惠普列存储）

HP Vertica 是柱状存储 MPP 数据仓库，通过批处理和交互式 SQL 执行分析任务。HP Vertica 凭借其柱状存储功能，营造出强大的历史分析环境，尤其是时间序列分析。柱状存储叠置行处理功能，但性能受到显著影响。HP Vertica 包括库内分析功能和高速数据源连接，包括连接文件、数据库及 Hadoop。此外，Hp Vertica 包括常用的 SQL 分析函数，并支持 R 语言。

2. IBM PureData（原名 Netezza）

IBM PureData 属于 MPP 预置系列产品，用于构建绩效数据仓库和分析工作量，支持批处理和交互式 SQL 处理。众所周知，IBM PureData 设备用于现场可编程门阵列（FPGA），从中央处理器（CPU）卸载 SQL 预处理以加速执行分析查询。

IBM PureData 已确立了数据仓库市场的领导地位，无须像最初使用 FPGA，无须简化数据仓库来构建和维护数据仓库。IBM PureData 拥有库内分析功能和高速数据源连接功能，包括连接文件、数据库和 Hadoop。除本机分析及支持库内 R 语言编程分析，客户可以购买分析插件，如 IBM SPSS Modeler。

3. Oracle Exadata（一体机硬件平台）

Oracle Exadata 属于 MPP 系列产品，为第一代 OLTP 设备、OLAP 商业智能设备支持批处理和交互式 SQL 处理而设计。

Exadata 利用各种插件进行分析处理，包括 Oracle R Enterprise 软件、Oracle Data Mining 软件、Oracle Advanced Analytics Option 软件和 Hadoop 连接器。

4. Pivotal Greenplum Database

Pivotal 公司的 Greenplum Database 是 MPP 数据库软件，用于数据仓库批处理和交互式 SQL 分析处理。Pivotal 公司与硬件供应商共同研发了该产品。

5. Teradata 数据管理平台

Teradata 数据管理平台是高配置、通过企业验证、支持批处理和交互式 SQL 处理的数据仓库设备。

Teradata 处于数据仓库市场领导者地位，具备多种分析功能，如库内分析和数据源高速连接，包括连接文件、数据库和 Hadoop。Teradata 提供各种分析插件。

SQL-on-Hadoop

SQL-on-Hadoop 被定义为 Hadoop 节点上的 SQL 数据引擎。SQL 引擎直接对 Hadoop 数据源进行 SQL 查询。

应当注意 SQL-on-Hadoop 与 Hadoop 连接器有所不同。连接器将数据传输到 Hadoop 上，并且一些连接器并行处理会增加工作负载，也增加大数据量。因此，同其他任何特定查询相比，其信度大大降低。

（一）优点和缺点

优点	缺点
大量混合数据类型的查询功能	支持少量或不支持实时或流式语言查询
批处理和交互式 SQL 语言查询功能	缺乏运行支持功能
灵活框架数据环境	
容错性	

（二）商用产品

有几款可用的开源软件和 Hadoop 上的 SQL 商用产品。虽然并未涵盖所有的云上 SQL 产品，但这些产品较为适宜企业使用。这里讨论这些产品分析方法的主要差别。

1. Apache Hive

Apache Hive 是一款开源数据仓库基础设备，利用查询语言（HQL）实现查询，正如 Map Reduce 功能一样。Hive 查询可执行多个数据库查询，包括分布式文件系统（HDFS）和 MySQL 数据库的查询。

2. Cloudera Impala

Cloudera Impala 是一个 MPP 数据库引擎，在每个 Hadoop 节点上执行批处理和交互式 SQL 查询。通常 Impala 系统为了解决数据移动问题，利用 MapReduce 处理相同数据。

Impala 系统除了支持开源分析软件包，也支持基本的用户定义函数（UDF）。

3. Hortonworks Stinger

Hortonworks 公司推出 Stinger 开源项目，目的是提高 Hadoop 上数据仓库的运行效率。该项目能显著提高数据处理效率，还能提高查询处理效率，实现即时 SQL 交互处理。Stinger 具备允许 Java 语言用户自定义分析函数的功能。

4. Hadapt

Hadapt 是云上节点运行 SQL 查询引擎的分析平台，通过 MapReduce 实现长时间 SQL 批处理查询。SQL 交互查询则利用 PostgreSQL 开源数据库引擎实现。Hadapt 具备允许 Java 语言用户自定义分析函数的功能。

5. Teradata SQL-H

Teradata 数据库和 Hadoop 连接器允许在 Hadoop 上通过 Teradata SQL 查询引擎获得数据。它利用 Hadoop 上的原生数据，通过 HCatalog 存储管理器，在 Teradata 数据库和 Hadoop 数据库内实现无缝平面批处理查询功能。

6. Splice Machine

Splice Machine 是 SQL 并行处理引擎，它建立在基于 Java 语言的 Apache Derby 开源数据库基础上。取代 Derby tables 的 HBase 数据文件，提供 SQL 交互查询。Splice Machine 在标准 Hadoop 上运行，包括 Hadoop 上的 Cloudera 数据平

台、Hortonworks 数据平台和 MAPR 数据平台。

NewSQL 数据库

NewSQL 数据库是新一代 SQL 联机交易处理（OLTP）数据库。NewSQL 数据库的主要特点是在 SQL 基础上，兼容 ACID 标准的分布式构架。它具有无限的视野缩放功能。NewSQL 数据库可在更广范围内执行 SQL 处理，包括批处理、交互式处理和实时处理等。

（一）优点和缺点

优点	缺点
综合 PLTP 和 OLAP 联机分析处理生成高效数据库	无功能齐备的软件
商用硬件的横向扩展	大部分软件不具备库内处理和非预设分析功能
美国国家标准协会 SQL 语言	
可查询和处理大量复杂数据类型	
实时评价	
兼容入侵检测分析	
容错性	
强大的应用程序编程界面或连接器	
部分软件具有实时分析和流式分析功能	

（二）商用产品

有几款可用的商用 NewSQL 产品。虽然并没有涵盖所有的 NewSQL 产品供应商，但这些产品是适合企业使用的典型，这里主要讨论这些产品的主要差别。

1. Clustrix

Clustrix 是一款高性能、分布式内存、兼容 ACID 的容错关系数据库，具有所有 SQL 查询功能：批量查询、交互式查询、实时查询和流查询。Clustrix 可进行本机应用、虚拟化应用或在公共或私有云上应用。

2. Google Spanner

Google Spanner 是全球范围的具有容错性的部分关系开源数据库，支持 SQL 语言查询，具有批处理和交互处理功能，可通过开源数据获得。Google Spanner 通常不专用于分析处理。

3. MemSQL

MemSQL 是一种超高性能、分布式内存和柱状存储结构、兼容 ACID 标准的容错关系商用数据库，具有所有 SQL 查询功能：批量查询、交互式查询、实时查询和流查询。MemSQL 可进行本机应用、虚拟化应用或在公共或私有云上应用。MemSQL 利用即时编译器可快速将 SQL 转换为 C ++语言，数据提取速度极快，能满足数据转换要求，因此不需要传统数据提取转化加载处理（ETL）。

4. NuoDB

NuoDB 是 globaTly 分布式容错关系数据库。它具备云上共享，兼容 ACID 标准并且支持 SQL 查询功能：批处理、交互式处理和实时处理。

5. Pivotal SQLFire

Pivotal 公司的 SQLFire 是内存分布式容错关系数据库，兼容 ACID 标准，具有 SQL 查询的批处理、交互处理和实时处理功能。Pivotal SQLFire 可以在公共或私有云上应用。

6. SAP HANA

SAP HANA 是内存数据库，采用柱状存储结构，兼容 ACID 标准，具有容错与批处理和 SQL 交互式查询功能。在已认证硬件平台上，SAP HANA 才能够运行和优化更新。目前这些平台包括：惠普、富士通、思科、IBM、日立、联想和戴尔。

除了 SQL 界面，HANA 数据库具有多维表达功能（MDX），即联机交易处理与商业智能应用查询语言。HANA 可以本地应用或云上运行。

7. TransLattice

TransLattice 是全球分布式容错关系数据库，兼容 ACID 标准，支持 SQL 查询功能：批处理和交互查询。TransLattice 可本地应用、虚拟应用或云上运行。TransLattice 是一个 NewSQL 数据库，不专用于分析处理。

8. VoltDB

VoltDB 是高效的分布式容错内存关系数据库，采用柱状存储结构，兼容 ACID 标准，具有 SQL 全方位查询功能：批处理、交互式、实时和流处理功能。VoltDB 可本地应用、虚拟应用或云上运行。

现代 SQL 平台的未来

现代 SQL 平台打破了传统数据库市场。20 世纪 80 年代早期，MPP 数据库标志着现代数据库时代到来，并随着 Hadoop 出现走上快速发展道路。从 NoSQL 数据库开始，到 SQL-on-Hadoop 数据库，再到 NewSQL 数据平台，数据库构架迅速优化提升。

数据行业发展迅猛，MPP 数据库已经成为传统数据环境，但许多数据中心仍有 MPP 数据库。快速移动科技时代诞生的新贵，主要集中于数字媒体和游戏这两个新兴产业，往往不支持 MPP 平台而支持新平台，比如 Hadoop、NoSQL 和 NewSQL 的数据库环境。但是毫无疑问，MPP 数据库将在相当长的时间内继续存在，因为许多行业的数据中心都嵌入了该数据库，如金融服务、电信、零售、医疗保健等等。SQL-on-Hadoop 平台为客户提供从 Hadoop 数据库大数据获得价值增值的机会。然而，处理大规模复杂数据的实时分析工作负载时，Hadoop 受到来自企业自身准备条件的限制，而且还受行业限制。MPP 数据库或 SQL-on-Hadoop 数据库相当成熟，而 NewSQL 数据库的主要功能就是混合数据实时扩展和分析处理。

数据库行业也有新的重要产品——Gartner 公司推出的 Hybrid Transaction and Analytical Processing（HTAP）。其在内存处理数据库（IMDBMS）基础上实时运行分析任务，并且可以同时获得海量 Web 数据。HTAP 式分析处理的出现大大简化了数据库结构，用户不再需要单独交易和分析数据库。几十年前就有人提出这个概念，直到现在基础技术才足够成熟，能支持巨大的工作负载。这为企业提供了创新性实时分析应用的机会，而不是简单提升现有分析设备的运行速度。企业将分析嵌入业务流程之中，以便更佳、更快速响应行业发展动态。

表 10.1 反映出现代 SQL 平台三大优缺点。

表 10.1　　现代 SQL 平台汇总

	MPP	SQL-on-Hadoop	NewSQL
原始数据存储	相关性	文件相关	相关性
分布式	●	◕	●
横向扩展	◔	◕	●
休眠数据	●	●	●
动态数据	◑	○	●
非结构化数据	◔	◑	◑
联机处理	○	○	●

续前表

	MPP	SQL-on-Hadoop	NewSQL
联机分析处理	●	●	◑

总结

本章我们分两部分探讨了分析框架。第一部分介绍预测分析平台，包括服务器分析、部分综合分析、数据库内分析及 Hadoop 平台。第二部分讨论高效的 SQL 平台。接下来的章节，我们将关注人员方面的因素，为企业提供分析专业人才解决方案。

03

第三部分

实施企业分析路径图

IMPLEMENT YOUR ANALYTICS ROADMAP

第十一章

吸引并留住分析人才

概述

为了实现商业目标，将企业发展战略付诸分析实践，构建分析路径图是迈出的第一步。很多企业没有把握这个关键点——分析法的实施与应用，偏离了既定商业目标。这样容易被繁杂琐事所羁绊，影响高价值分析资源在生产部门配置的效率。这些错综复杂的因素可分为三类：分析人员、处理流程和分析技术。

如果分析人员、分析流程和分析技术协调不顺畅，可能脱离项目初衷；相反，如果协调得好，就能促进生产部门有效配置分析资源，进而取得成功。

前文用大量篇幅讨论分析技术，本章不再赘述。相反，我们将深入探讨前几章节没有涉及的主题。前面谈到一些建立分析路径过程的内容，现在我们将注意力转向企业如何利用分析路径图，创造持续价值。我们关注分析资源中最难处理的人员配置问题，涉及怎样充分吸引和留住高级分析人才；也关注如何合理组织和安排分析团队，以实现企业战略目标。

我们需要新一代专业分析人员，他们不仅具有全局观念，而且懂得如何广泛应用分析方法，来解决业务问题和难题。

现今，分析人才是一种稀缺资源。企业在组建分析团队时，会意识到识别人才、吸引人才、留住人才是很困难的。在本章中，我们重点探讨如何吸引和留住分析人才。我们讨论人才问题，必须关注企业文化和企业环境的探讨。因为你会发现，这些分析人才寻求具有挑战性，并致力于实现商业目标的一种工作氛围。他们可能会受聘于缺乏企业文化的单位，但很快就会跳槽。

企业文化

企业文化被定义为企业成员共享的价值观和实践经验。具有分析文化氛围的企业，重视事实决策。企业将分析贯穿于整体业务，创造文化价值，产生重大商业影响。

经过一定发展时期，现有大型企业中分析方法经历了从针对已有成绩的响应报告分析，到对未来事件前瞻性的预测分析，再到运用复杂的最优化技术进行的规范分析，逐渐走向成熟。今天的初创企业，往往具有超越成熟企业的优势。创业之初，这些企业就利用预测分析和规范分析获得强有力的对策建议和竞争动力。这为它们创造了与行业巨头公平竞争的平台。

通常，现有大型企业先测度当前业务绩效，然后再设定评估目标或构建关键绩效指标（KPI）。通过简单的技术就能实现评估目标，如电子数据表，或者通过更复杂的计分卡，还可以通过看板控制。看板是一种测量已有绩效的商业智能手段。随着时间的推移，企业分析逐步转向预测分析，像对未来产出结果的预测，基于预测分析结论进行决策，等等。信任度是建立在预测分析基础上的，所以通常企业将分析过程嵌入业务流程当中。这样，分析系统既可以自动决策，还能处理更复杂的情况，为最终的决策者提供一套全面的意见和建议。

企业是否从一开始就使人感觉舒适，激发人们利用分析法服务于企业的意愿；现有大型企业是否正在努力，日臻完善分析应用，通常，这些体现在企业文化中，使得分析法繁荣发展。这样的企业文化，会像吸铁石一样吸引人才。

企业培育和提倡的企业文化包括：求知欲、求解精神、实验精神、求变精神和求证意识。

求知欲

“我们强烈的求知欲，引领我们不断探索新路径，因此我们不断前进、开拓、创新。”（沃尔特·迪士尼）

好奇心强的人，勤学、好问，能够不断提升自我。企业通过培育员工的求知欲，使得员工与企业内各环节沟通起来，也将员工和客户与供应商联系在一起。求知欲和解决问题结合，是一种强大的组合。这种组合能实现各跨职能团队之间的合作，共同分享业务领域的专业知识，锁定问题并解决问题；或是不断拓展新的机遇窗，推动企业产生新价值。企业培育员工的求知欲，为不断实验和尝试新想法创造条件。求知欲强烈的企业，不断实验跳出固有思维模式，将会掀起颠覆性的企业革新运动，创造可观的商业价值。打破固有思维模式，意味着提出问题、挑战假设、包容反对意见和观点，并且接受非线性思维。这同样意味着，企业必须容忍失败，因为实验并不一定能够为企业带来直接生产收益。但是创新实验者们和其他团队，必须总结与反思历史经验教训。要利用自律的、客观的闭环过程，来审视失败与成功；利用更多集体智慧，来完善未来的创新实验工作。总结汇报，也有助于培养企业员工的讲述才能。这种能力是使分析法社会化的关键，某种程度上，具备这种能力可以联系沟通企业上下，对企业而言意义重大。通过讲述易于识别问题，也能把有说服力的经验教训清晰地展现在听众面前。企业还可以运用类推法头脑风暴，不断学习和吸收其他行业的经验教训，借鉴其主导分析法，为己所用。

求解精神

“如果我有一个小时解决问题，我会花 55 分钟思考，然后用 5 分钟考虑解决方案。”（阿尔伯特·爱因斯坦）

善于解决问题的人，面对问题会先甄别问题、分析瓶颈和制约因素，然后制定能帮助企业实现目标的解决方案，最终达成目标。善于解决问题的企业，常常把提升问题解决能力作为实现高效率和持续运营、取得佳绩的一种手段。他们透过表象来识别问题、难题和瓶颈的根源所在，然后构建解决方案，解决问题或使问题最小化。企业内部必须有效地沟通与协作，才能够解决问题。而善于解决问题的企业追求持续的发展进步。

实验精神

“我并没有失败过一万次，只是成功地发现了一万种行不通的方法。”（托马斯·爱迪生）

企业开拓新领域、寻找新突破、不断尝试新的创意，就意味着它们必须忍受失败，因为不是每个新的创意都会成功。从错误和失败中不断学习，这是找到可能的解决方案的必经之路。企业应大胆试验尝试，探寻非线性思维和逆向思维的科学创新模式。爱德华·德·波诺（Edward de Bono）在《六顶帽子思考法》（*Six Thinking Hats*）一书中，提出企业创造性思维的过程。这本书具有里程碑意义，是德·波诺创造性思维法的标志。“六顶帽子思考法”通过感官刺激、挑战和激励，来激发新的创意和想法。独创性是企业的标志性特征，即利用技术提出清晰的新思路和解决方案。

求变精神

“改变的秘诀是集中所有能量去立新，而不是破旧。”（苏格拉底）

宏观经济因素持续发生结构性变化，企业运营前所未有地流畅，推动企业展开全球化竞争。唯一不变的，就是此种变化仍将持续。企业必须组建灵活应对的机构组织，以适应不断变化的世界；必须精简缺乏创新的组织机构，建立有机的创新型自治机构。虽然领先的创新型企业常常以适应市场变化而自豪，但是那些能够自我反省的企业，采取快速跟进的执行策略，抓住机遇，待机而动。变化并不意味着成为第一，但确实意味着企业演进的变化格局与总体商业战略保持一致，与行业企业和相关企业水平保持一致。

求证意识

“事实终归是事实，无关我们的愿望、倾向或激情，这些

都无法改变事实和证据。”（约翰·亚当斯）

依据事实或证据决策的企业，一贯坚持收集相关证据，整理分析后再决策。但是，企业决策前无须穷尽数据收集，只要利用好现有最佳数据，即可尽快做出最优决策，而后就可以利用新数据不断学习和改进。

上述企业经常忽视的一点，就是企业需要对每位员工进行分析培训，让他们了解如何综合数据信息，依靠数据做出各级决策。分析培训应该使员工意识到利用数据的可能性，而不是只关注某特定分析软件工具。培训有助于明确企业利用分析法推动发展的途径。已经获得成功的企业，会从两方面对员工进行培训：（1）如何锁定正确的企业问题，利用数据找到答案；（2）如何使用分析软件工具找到答案。

数据科学家

早在1960年，数据科学家就提出“大数据”一词，直到2011年“Big Data”被市场广泛应用之后，这一术语才流行开来。企业纷纷开始积极招揽相关数据科学家。事实上，现代分析人才分属于不同学科，具备不同的经验和技能；企业逐步认识到，兼具计算机、数学和专业知识的人才极其短缺。挖掘熟悉各种软件语言和工具，而且全面掌握软件设计的计算科学高级人才，这本身就非常困难，更不用说寻找把这些技能和应用数学、统计学和算法结合起来的人才了。因此，企业常常会放弃对掌握分析法的要求，或者放弃搜寻行业专家和商业人才。

对数据科学家的定量研究，刚涉猎公众领域。这项研究包括数据科学家的分析技能、工作经验、教育程度和性格特征等相关信息。Talent Analytics 公司于 2012 年和 2013 年展开了对天赋特征的研究，揭示了各种分析专家的“指纹图谱”。这种天赋的评判标准包括好奇心、冒险精神，以及价值标准如“做事情的正确方式”。

正如 Talent Analytics 公司创始人兼首席执行官格雷塔·罗伯茨（Greta Roberts）所言：“通过对分析专家的调查研究，现在我们掌握了数据科学家的‘指纹图谱’。这项研究为企业筛选内部人才提供依据，通过‘指纹图谱’查找出潜在的数据科学家人选。这种筛选不是简单地寻找具备特定技能（如 R 语言）的人员，而是鉴别求知欲超强的人选。因为求知欲超强的人热爱学习，可以自学成才。天赋指纹图谱的应用，实际上扩大了人才网络和搜寻分析人才的范围。”

虽然有大众媒体支持和行业炒作的因素，但这项研究也有令人惊讶的发现。Talent Analytics 公司的研究结果显示，数据科学家主要是年轻人，年龄在 40 岁以下的占到 57%，绝大多数是男性，占到 72%。所有年龄组性别倾向非常类似。教育程度方面，研究发现具有博士学位的分析领域专业人才比研究假设少，仅仅占16%；几乎一半的受访者（47%）只有硕士学位；36%的受访者只拥有学士学位。研究领域和预期相同，主要是数学、统计和商业，仅有五个受访者在音乐或其他艺术领域具有“创意度”。教育程度并不代表创造性思维方式，但是研究表明54%的受访者具有极高的创造性天赋。

招聘分析人才，天赋指纹图谱也是至关重要的，因为它可以识别分析领域专业人才潜在的驱动力。Rexer公司和Talent Analytics公司的研究表明，分析人才喜欢从事复杂、具有挑战性、能对企业产生深远影响的项目。罗伯茨与一家大型咨询公司分享这些信息，该公司完全接受罗伯茨的研究结论。而这家公司在吸引分析人才方面存在一定的问题。罗伯茨告诉这家咨询公司：“我们服务的几家招聘公司都说，由于钱的原因没有招聘分析人才。但这并不是我们的研究结论。我们的研究数据表明，这些人才根本不在乎钱，他们所关心的是解决复杂有趣的问题。他们所关注的是企业能否始终重视他们的好奇心，培养他们的学习能力。”咨询公司的招聘经理说：“这种说法很奇怪。企业不停地说这是因为钱而不去招聘，但是我非常想说，这根本就是完全不同的两个问题。企业为这些人才所付的工资，只是目前市场上工资水平的30%。所以他们才不会应聘。”事实上，他们跳槽的原因是无聊。在另一家公司，可以学到更多的知识。这充分支持Talent Analytics公司的研究结论，数据科学家对货币激励与精神激励的评价见图 11.1。

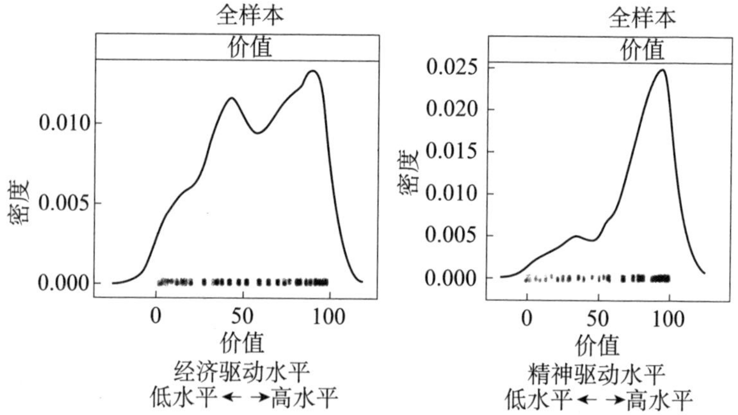

图 11.1 数据科学家重视精神激励胜于经济激励依据图

尽管分析人才重视工资收入，但是对其他专项研究和科学激励机制也很感兴趣，比如额外教育培训机会，工作之余从事自己感兴趣的事业，有时间为开源项目做贡献，有机会发表或公开发布他们的研究成果。罗伯茨也在审视自己的工作："有人会拒绝一大笔金钱吗？没有。你要知道，经济形势并不好。但是为了赚钱而跳槽到另一家公司，拿到钱后开始工作，然后永远充当数据准备的角色——他们会因此感到无聊，转而去能够学习更多知识的公司。我们利用数据进行客观测度，识别能够增加人才稳定度的其他标准。我们通过研究知道，可以为他们提供喜欢的培训或休假，或真正有意义的事情。"2013 年 Rexer Analytics 公司的调查数据分析同样表明：从事一项分析研究项目，给予分析人才更多的欣赏和自主性，这是使分析人才对自身工作感到满意的最重要因素。其他关键因素还有具有吸引力的研究项目和受教育机会。这与 Talent Analytics 公司的研究结果一致：分析人才求知欲强烈，是主动的学习者。

2012 年，Talent Analytics 关于分析人才的评估调查结果进一步显示：分析人才聚集成四个分析领域的职业角色：分析多面手、数据处理员、程序员和项目经理。这些职位在具体分析任务上的时间分布，如图 11.2 所示。

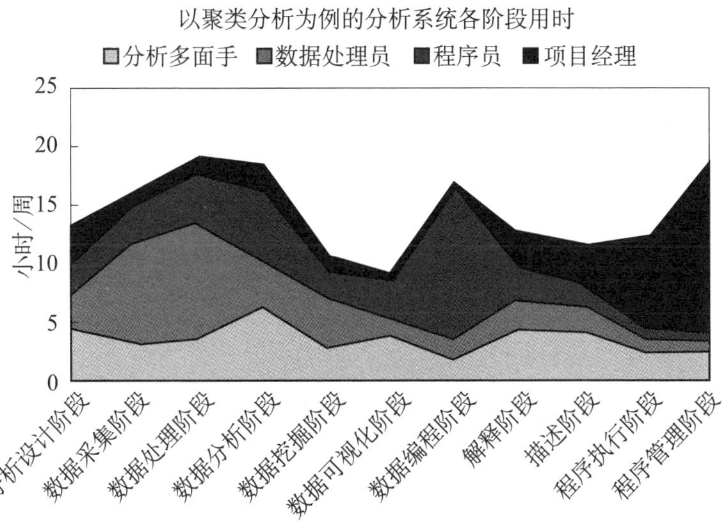

图 11.2 分析系统各阶段用时分布图

研究还测度与企业相关的个人性格特征，即四个特定行为因素和七个特定志向因素，志向因素用于衡量个人驱动力。与职业角色、企业文化和企业状况比较而言，志向因素对分析人才更具驱动性。不管有没有胜过他人的技能或经验，Talent Analytics 公司的测试结果表明，分析专业人员的抱负和志向都趋于一致。志向是人一生中积极向上的动力，同人们与生俱来向好的性格有关，例如最佳销售人员的志向指标显示，他们往往具有追求金钱或权力等性格特征。发现人的天性和工作业绩之间有内在关联，资方就可据此来招聘候选人。

Talent Analytics 公司揭示出无可争辩的数据科学家“天赋指纹图谱”，其要点如下：

- 数据科学家具有认知性“态度”，愿意更深入地了解和探寻一切事物。

- 在这种态度驱动下不断创新，他们不仅会提出解决方案，而且能提出高质量的解决方案（代码更加精练，或制作更佳的图表可视化解决方案）。在崇尚创造性思维、珍视创新的企业文化氛围中，数据科学家茁壮成长。

- 数据科学家以正确方式做事的意愿非常强烈，他们也会鼓励其他人同样行事。即使面对争议，也会用让人感觉舒服的方式，告知持反对意见者他们认为正确的东西。

- 数据科学家具有高度责任心、高水准、重细节，他们经常以这些特征来品评他人。他们一贯尽职尽责，认真完成具体项目和复杂的任务。

- 数据科学家在情感表达方面往往有些内敛和谨慎。团队或企业会议上，除非要求他们讲话或者是讨论重要议题，否则他们很少发言。

- 只有经过缜密计算和推测后，数据科学家才可能会冒险。他们会经过深思熟虑，分析事实，揣摩数据，来预测可能的结果。他们说服其他团队成员，要细心关注细节，以事实、数据和逻辑为依据进行研究工作，而不是靠一时冲动。他们重视项目的安全性、企业体制和工作文化。

Talent Analytics 公司的另一项重要发现是，对于企业而言，现实中招聘数据科学家涉及范围太广。就像“医生”是对一种职业的描述，但这种泛泛而谈不足以描述分别具备各种专业技能的医生。毕竟没有哪一位医生能兼具心脏外科、皮肤科、骨科和神经科专业技术于一身。数据科学家也都有自己的专长。

划分数据科学家类型，有利于明确其特定职称、专长及后续任务。因此，建议企业领导和招聘经理，不要混淆数据科学家职业系统中的职称或主要职责。项目经理把工作分解成特定分析岗位和具体分析任务，对每位数据科学家的要求将更加明确，人才储备也会随之壮大。

四种分析专业岗位，都具有两个显著特征（见图 11.3）：

- 强烈的求知欲（精神驱动力）；
- 强烈的构建解决方案的愿望（创新驱动力）。

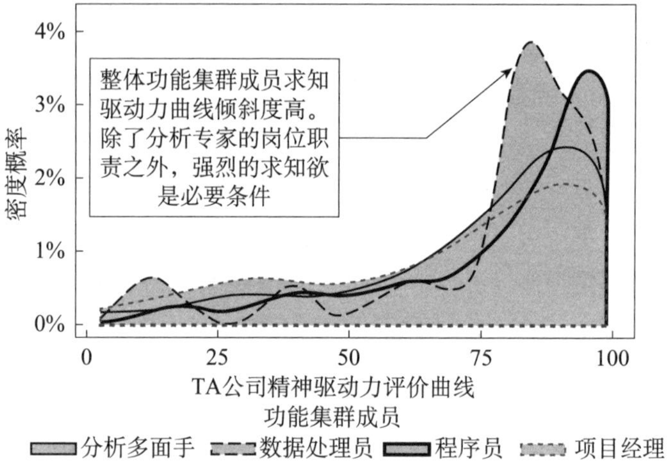

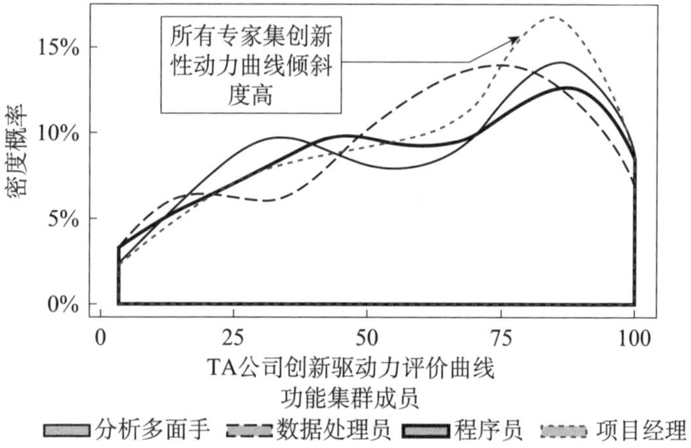

图 11.3 数据科学家关键驱动力示意图

数据处理专家

每个分析集群的职业角色都有所不同。分析专业人员半数左右（大约 46%）的工作时间用于数据采集和处理工作，见

图 11.4。分析集群同所有其他集群一样，他们的许多业务都很费时；第二层级业务活动，如数据分析、数据挖掘、程序设计、解释和演示，这些业务活动与数据处理密切相关。数据处理员的职责不同于其他岗位，他们竞争力较弱，升迁机会很少。他们对升迁机会不感兴趣，不认为提拔是一种奖励。数据处理员几乎不出错，表现出做好细节的才能。

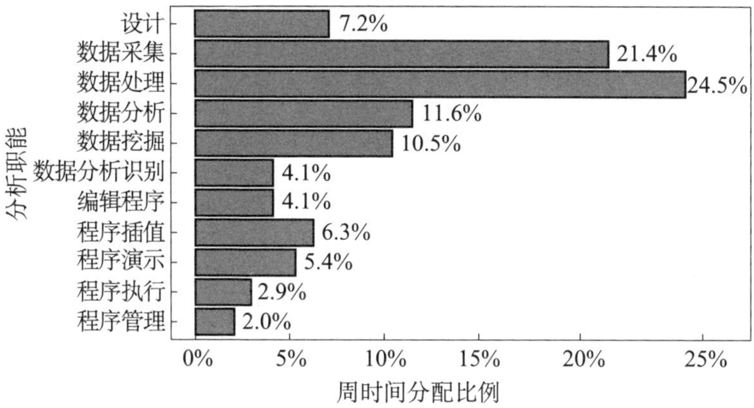

图 11.4　数据处理分析工作时间分配图

● 人才挖掘。在企业其他业务部门，也可能会发现具有数据处理潜质的候选人，尤其是特别细心的员工。切记，除了要求强烈求知欲和创造力以外，处理细节和准确性也是必不可少的能力要求。当然，至关重要的是对候选人智力水平的评价及进行业务培训。四个职业集群对数据处理方面的共同要求是至少应掌握统计方面的知识。

● 人才招聘。设法激励那些数据处理岗位的候选人，不要关注能否升迁，是否有职业发展前途，或清晰可见的未来。

- 人才管理。数据处理人员希望通过总体评价，了解目标和业绩的详细信息。他们会始终注意关于项目和业绩的细节信息，如果缺乏类似的业绩追踪，他们就会感到很失望。

- 留住人才。数据处理不仅是分析项目的后勤工作，而且起着强大的基础作用。数据处理专业人员与其他专业人员分享宝贵的创造力、智力兴趣和信念。他们容易失去兴趣，喜欢寻求更能满足求知欲的其他工作。与生俱来的求知欲和创造力使然，而不是追求职业发展所致，他们最终会找到富有智力挑战性的工作。

分析程序员

专门从事程序设计的人员，很大一部分（大约 33%）的工作时间用于编写计算机代码、控制和处理数据，具体情况见图 11.5。同其他任何分析专业人员比较而言，他们花费在编程上的时间是其他人的三倍。和其他人非常相似的是，他们分配工作时间，更侧重于分析紧密相关的业务活动，如数据分析、数据处理和数据采集。Talent Analytics 公司研究表明，程序员是最年轻的群体，工作经验最少。其中，几乎一半人员在 29 岁以下，超过一半人员的工作经验不足 5 年。而且这个职业群组还缺乏升职意愿。从天赋角度来看，分析程序员最渴望合作共事，以取得默契。

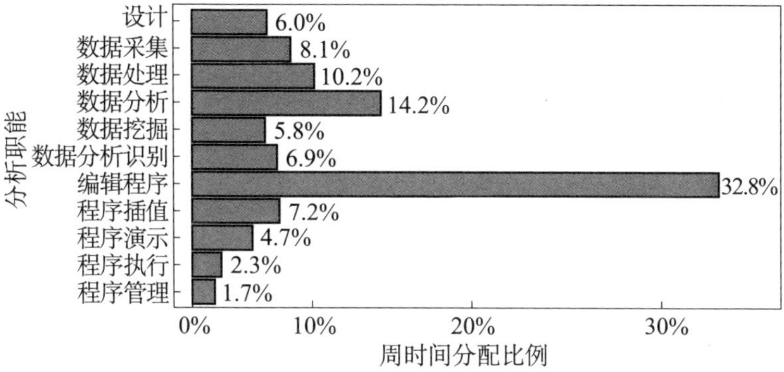

图 11.5　数据处理程序员工作时间分配图

- 人才挖掘。在企业内部发现程序员人选。注意那些安装测试版软件的员工，那些破解软件或不断尝试破解软件的员工。应届毕业生可能会是比较好的程序员候选目标，应询问他们的在研项目，即便是个人项目也应询问。

- 人才招聘。程序员会对学习新软件、掌握领先技术和分析法、某种程度上完全自由的尝试和探索以及继续学习最感兴趣。越是不需要动手能力的工作，他们越会感到乏味和不满。

- 人才管理。基于对程序员年龄和经验水平的考虑，管理者应当巧妙地在通用商务知识、企业预期或如何得到提拔方面下功夫引导他们。如果他们不具备一定的洞察力，分不清应当和不应当做的事，那么缺乏职场经验就会带来不必要的麻烦。他们乐于学习，而且易上手。

- 留住人才。与所有分析专业人员一样，程序员容易对其工作失去兴趣。物质激励和提拔承诺既没有吸引力，也没有价值感或挑战性。最终，他们就会寻找更富有挑战性的工作。天生的求知欲和创造力，超越了他们对职业发展的追求。

项目分析经理

项目分析经理大多数（大约 57%）的时间用于管理分析团队和执行各种管理任务，见图 11.6。他们的工作侧重于管理直接下属和项目，以及向客户提交项目成果。

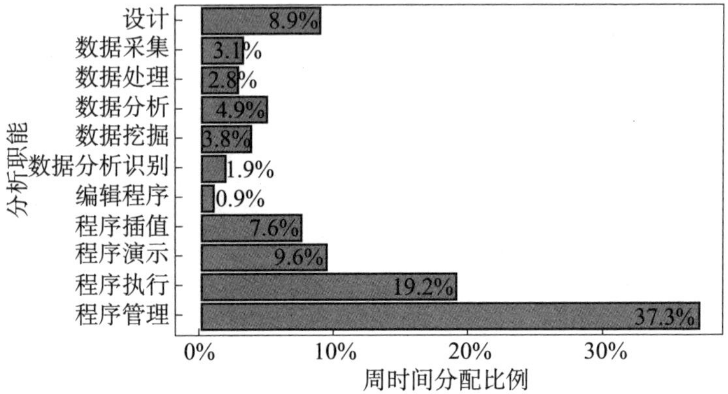

图 11.6　数据分析经理工作时间分配图

分析经理阅历比较丰富，而且年龄偏大，研究表明：分析经理年龄在 29 岁以下的不到 10%。他们具有很强的竞争力和政治态度，在职业集群中脱颖而出。分析经理具有大公无私的品质，表现出促进和指导团队发展的内驱力。

- 人才挖掘。从现有的分析专业人员或企业其他部门来定位管理人员。这样的人才很容易识别，因为他们会非常重视能否成为经理候选人，能否获得升迁和提拔的机会。

● 人才招聘。分析经理人选会非常重视晋升机会，希望未来能够管理自己的团队。如果候选人被任用提拔，接下来就会确定其职位，被告知相关职能，或接受上级面谈。他们走马上任，不会忘记被告知即将晋升；但他们如果失去升迁机会，会觉得很恼火。

● 人才管理。向这些有志从事管理工作的人员明确他们会被提拔和晋升，能激发其工作积极性，他们会为继续升迁而努力。假如他们对此并不注重，或许因为升迁的机会与实现目标绩效和按时完成项目紧紧捆绑在一起。

● 留住人才。Talent Analytics 公司研究表明，经理最关心的事情包括：继续学习、不无聊和职位升迁。受访的经理对物质奖励最不感兴趣。因此，和其他分析专业人员一样，他们不拒绝额外收入，但绝不会此而做自己不愿意做的工作。

O'Reilly 公司最新公布的研究结果显示，数据科学家们拥有多项技能，包括统计、机器改进能力、数据库、运筹学、商业智能、社会科学或自然科学等。这种认识误导了企业和经理们对数据科学家的预期，他们寻求完美的全才型候选人，除了以上技能外，还要求数据科学家具有较强的沟通和领导能力。理想化的要求和现实是完全脱节的，导致数据科学家极其短缺。为了走出误区，人力资源团队应在企业内部挖掘知识渊博的专家，去更加现实、多角度地定义数据科学家的工作职责。这样，企业能改善对数据科学家工作职责的要求，以更好地与市场中的人力资源相匹配。预期调整后，法国液化空气公司的管道分析项目找到了更适合的数据专家人选，提高了工作满意度，企业收益得以增加。

分析通才

不管企业规模大小，都能够发现分析通才。他们工作事无巨细，时间分配上比较分散，具体见图 11.7。分析通才似乎要具备上述三类分析专家的综合特征。分析通才是经验丰富的分析专家，非常有可能成为分析经理。他们注重明显成效，关心具体工作并且办事认真，不关心升迁或管理工作。

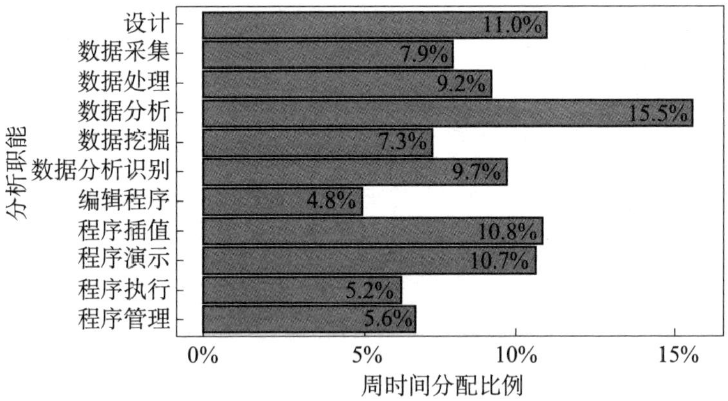

图 11.7　分析通才工作时间分配图

分析职业群构成案例

我们来分析一个案例。一家成熟的软件公司，年收入数十亿美元，决定引入分析技术。这家公司为了便于识别数据科学家，构建了职业群，这个职业群当中包括构建一个分析团队需要的多种数据科学家。公司构建了数据科学家职业群的两大发展轨迹：独立贡献者和技术主管。

接下来，为了符合各类分析人员工作职责的要求，每种职业群从初级到高级设定多个职级，见表 11.1。这样，公司就完全可以从刚走出学校的毕业生中选拔一流的分析专家。公司对每个职业群应掌握的多种技能和专业知识进行分类，参见表 11.2 和表 11.3。这些技能包括以下几类：定量分析和技术能力；业务知识和解决方案设计能力；影响力；领导能力。

表 11.1　　　　数据科学职业群职位示例表

分类	级别				
	初级	专业级	专家级	高级	领导级
独立贡献者	数据科学家	高级数据科学家	首席数据科学家	杰出数据科学家	数据研究员
技术主管		数据经理	数据总监	数据副总裁	数据高级副总裁

表 11.2　　数据科学个人发展轨迹定义示例表

职业技能组	职位				
	数据科学家	高级数据科学家	首席数据科学家	杰出数据科学家	数据研究员
定量分析和技术	◑	◑	◕	◕	●
业务知识和解决方案设计	◔	◑	◑	◕	●
影响力	◔	◑	◑	◕	◕
领导能力	◔	◔	◑	◑	◕

表 11.3　　数据科学经理发展轨迹定义示例表

职业技能组	职位			
	数据科学经理	数据科学主管	数据科学副总裁	数据科学高级副总裁
定量分析和技术	◑	◕	●	●
业务知识和解决方案设计	◑	◕	●	●
影响力	◑	◕	◕	●
领导能力	◑	◕	◕	●

公司把每类技能确定为特定技能和最小期望值，见表11.4。例如，定量分析和技术类别被定义为：数据析取、清理和数据转换；基础分析；中位分析；高级分析；分析软件工具；软件开发和设计。

表 11.4　　定量分析和技术能力分类定义示例表

技能分组	名称			
	◔	◑	◕	●
数据析取、清理和转换	熟练运用结构化查询语言数据库和关系数据库	高级数据检索加工知识	精通对多束源系统数据进行析取、清理和集成	分布式数据库与数据处理的专业知识和经验
基础分析	描述性统计能力	基础可视化技能的实践经验和知识	实验设计和假设检验经验	运用各类回归分析法预测的专业知识和经验
中位分析	高级可视化技术	运用决策树建预测模型	精通属性选择法和降维法	时间序列分析专业知识和经验
高级分析	监督和非监督式机器学习能力	文本分析经验	精通网络数据分析	必要时创建专有算法，或模拟仿真与优化应用的经验和知识
分析软件工具	多种分析处理能力	开发数据科学团队分析工具的经验	精通分析工具或业务人员的配置	分析法嵌入运作系统的专业知识和实践经验
软件开发和设计	多种编程语言	技术创新和概念验证经验	最优软件的最佳实践应用	设计、编码、测试、应用和维护分析软件的专业知识和实践经验

如果构建清晰的分析路径，这家公司就能够将分析任务划分为战略、管理和执行应用三大块，很容易将每块与相应的岗

位角色联系起来。一方面，战略性分析应用这块，企业需要积极主动、干练的沟通人员，与高管或管理者交涉业务问题和难题。另一方面，需要招聘迅速解决管理应用问题的分析专家。对于分析执行应用，需要具备综合能力的开发人员，把分析法嵌入现有应用程序之中。

虽然这个案例中对职称命名、技能分类和必备技能的设定很大众化，但是每个企业应该根据自身具体情况，对此进行设定。例如，一些企业可能强调空间分析技能或运筹学，而另一些企业则可能不需要这些专业技能。

这家软件公司，通过规定数据科学家最低限度的专业技能，划分职责范围，确定清晰、一致认可的岗位角色，对现有分析团队的实力和实现项目目标能力之间的差距进行评估。公司运用这种方法，订立有效的人才招聘和培养方案。此方案为技能型和管理型分析专业人士描绘出清晰的职业发展路径和有意义的鼓励措施，更易于吸引并留住分析人才。

数据挖掘科学家

你可能听过“人以群分”这个成语，它当然适用于分析专业人员。如前所述，可以通过“天赋指纹识别”来确定内部候选人。此外，高级分析人才既可以从外部同行认可的专家中搜寻，也可以从常出席行业会议的人员中寻找，比如美国大数据会议（Strata）、知识发现和数据挖掘国际会议（KDD）、信息组织报告与管理系统会议（INFORMS）、开发者每周例会（Developer Week），还有许多其他行业和供应商会议。这些会议提供了招募高级人才的平台，利用这些平台，提出需要解决的问题，这种方式自然而然能够吸引到企业所需要的人才。另外，可以考虑利用像数据库知识发现杯比赛（KDD）和众包平台（如 Kaggle）来寻找人才。最后，还可以在行业组织中找寻人才。如从事分析数据挖掘的 KDD，数据统计的 JSM，作业研究的 INFORMS 和 GECCO，用户组开发的 R 和 SAS，开源项目的 Julia、R、Spark、SciPy、Rapid Miner、KNIME、Orange、Weka 等等，这些为搜寻高级分析人才提供了很好的平台。也可以咨询现有分析专家，了解他们所关注的话题和经常出席的场合。搜集这些信息，有助于发现其他招聘人才的理想场所。

吸引数据科学家

最有效的招聘所需数据科学家的方法，是企业利用其未来要从事的分析任务来吸引他们。他们求知欲强，希望得到满足，通过交流沟通和说明公开招聘人才的项目详情，可以激发他们的兴趣。

大多数招聘广告是为了筛选候选人。Talent Analytics 研究表明，数据科学家们对过度承诺很敏感。“要求”常被他们视为绝对真理。因为大多数的数据科学家喜欢在自己的专长领域钻研，所以特定技能的“要求”（如 R 或 SAS 或其他容易学的专业技术）有可能把其他方面表现很突出的候选人拒之门外。最佳选择是避免在广告当中以及面试中提及以上类似要求。

Talent Analytics 公司研究表明，数据科学家特别喜欢细心、体贴、具体的回复。他们是倾听者，而不是健谈者。如果面试者想要招聘特别健谈的员工，对数据分析人才的面试评价结果一定不好。恰如其分地处理数据的天赋与面试时能够吸引他人的天赋，往往是相反的。

观察这些候选人是否提出很多问题，可以确定他们对什么感兴趣。他们是天生的研究人员，做好了充分的研究准备。他们希望了解详细情况，得不到答复就可能感到很泄气。如果候选人准备不充分，并没有提出很多问题，表明其可能缺乏好奇心，在应聘岗位上获得成功可能有困难。

正如 Talent Analytics 公司研究所强调，对科学家们的物质激励，不同于销售人员、律师和许多其他职业。尽管销售人员渴望得到经济回报，但是 Gerry DeSanctis 近期的研究成果表明，数据科学家更渴望得到同行的认可。要确保数据科学家能够有机会与内外部其他团队分享他们的新知。允许数据科学家在行业会议上展示他们的创新和研究成果，在同行中公开他们从事的研究工作，并在行业期刊上发表研究结论。一定要认同和重视他们对企业成功所付出的贡献。这些激励措施，加之具有挑战性和令人关注的问题，是留住高级分析人才的关键。

正如我们所揭示的，受欢迎的企业文化，将激发人们的求知欲并有所回报，崇尚解决问题，不断实验，进行调整，然后以事实为基础做决策。这种企业文化，就像天然吸铁石一样，会深深地吸引分析人才。了解数据科学家的天赋指纹和他们的职业岗位，像分析通才、数据处理员、程序员和项目经理，有益于企业构建恰当的分析职业生涯规划路径。

总结

尽管目前分析人才是稀缺资源，但如果企业为分析工作设定相应岗位，就可以利用企业现有人力资源发掘人才。构建或转变为基于事实决策的企业文化，能吸引和留住高级分析人才。牢记分析团队愿意为实现企业目标而贡献力量，一定要从物质和精神上对分析人才做出的贡献进行奖励，让他们获知自身工作的价值和重要性。下一章，我们将继续讨论如何有效地组织和管理分析人才。

第十二章

组建分析团队

概述

为了最有效地组织分析团队，企业需要留意一些注意事项。随着时间的推移，正如其他任何组织一样，企业改变商业目标，商业需求会发生变化。企业采用分析方法来适应这一系列变化，企业组织结构就会相应改变。

集中与分散式组织结构的分析团队

分析团队能持续发展、不断获得成功，对企业产生影响，关键是创建恰当的组织结构。企业和分析团队不断变化和成长，其组织结构也会随着时间的推移而发生改变。但是首先应考虑的问题，是分析团队采用集中式结构，还是分散式结构。

集中式结构有利于分析团队成员利用专业知识、实践经验，合作分享通用的最优实践成果（见图 12.1）。这种结构为团队执行分析任务建立了统一基础。因此，即便团队成员长期分散在企业各个部门，它也是组建分析团队的一种常见方式。这种结构下的分析团队，通常为了建构和运用分析模型，开发通用的分析法、流程、实践和工具。其采取“自上而下”的组织管理方式，往往与业务部门相脱离。尽管这种组织结构貌似与企业实际业务脱节，但它常被作为一种引入企业战略分析的方式，或采纳其他行业分析法和业务实例的方式。

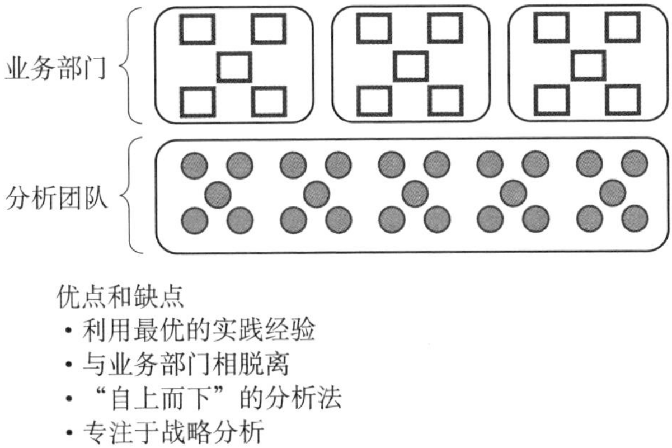

图 12.1　集中式分析团队

分散式结构的分析团队与业务部门联系紧密，能够对实际业务进行更深层次的挖掘（见图 12.2）。传统上，银行的数量分析专家和统计人员采取分散式组织结构。他们充当把握市场风险、从事交易、营销的角色。尽管这种结构下的分析团队通过商业目标结合在一起，但它更倾向于被动执行业务，而不是积极主动引导企业实现战略目标。团队不同，必然会产生不同的结果。分散式团队往往存在不协调的分析实践和分析过程，导致做无用功及产品生产集成化问题。这样会引起混乱，各个分析团队通过额外工作，得到各项分析结果。

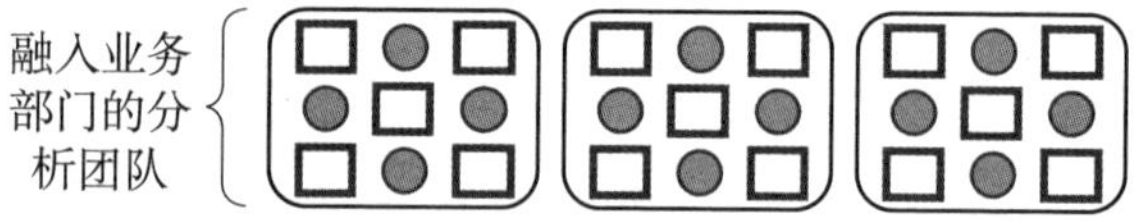

优点和缺点

- 更深厚的业务知识
- 与实际业务紧密联系
- 响应性
- 不协调的分析实践和分析进程
- 专注于战略分析

图 12.2 分散式分析团队

混合式结构将集中式结构和分散式结构结合起来，它可以平衡企业业务发展与分析资源稀缺之间的矛盾，实现资源利用的一致性（见图 12.3）。通常，分析团队为了完成某项行政任务集中在一起，分享最好的实践经验，接受培训和指导。混合式结构采用分散模式为团队配置与业务对口的分析人员，可以对实际业务数据进行更深入的挖掘。分析人员与行业专家并肩合作，能够在各自领域提出更佳的见解。行业专家深入到实际业务分析中，随着时间的推移，就会清楚了解分析结果是如何逐步形成的。这样，行业专家就会信任分析人员及其分析结论。在企业内部成立分析团队、应用分析法，使企业上下获得发展动力的关键，是分析团队组建之初就必须树立起较高的分析信度。

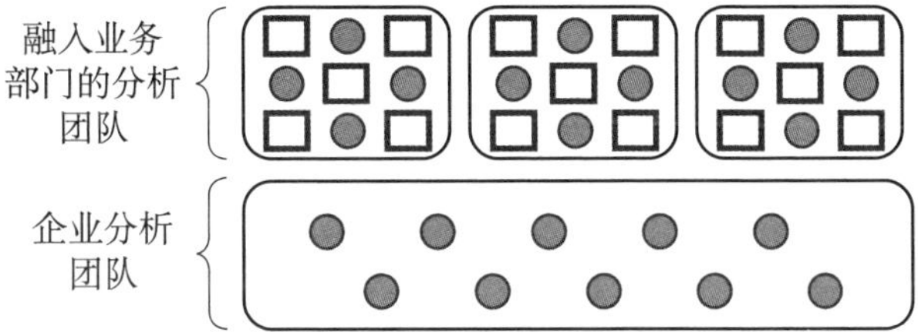

优点和缺点

- 更深厚的业务知识
- 与实际业务紧密联系
- 响应性
- 实践经验与流程一致
- 专注于战略分析

图 12.3　混合式分析团队

我们来考量一个分析行业中的企业实例。在过去几年，这家企业迅速发展壮大。早在 2008 年，乔治·鲁迈利奥蒂斯（George Roumeliotis）成为 Intuit back 集团公司首批数据专家之一。这些年，他不仅见证了公司分析团队的成长，也见证了公司采用分析方法后，决策变得更加具有战略性。鲁迈利奥蒂斯说：

> 我们想要的就是赢得革新能力。我们所有人都想具有巨大的影响力。然而，以我之见，只有利用分析方法，你才能获得转型的变革能力。你必须循序渐进，不断体现你的有形价值。“不积跬步，无以至千里”，你应当以微小的成功向企业领导来证明你的价值。我认为没有人能跳过这

些中间环节。相信我，我曾经尝试过。对我而言，至少在一家知名企业里是行不通的。我认为忽略这些步骤，你就无法获得显著的、深远的影响力。

六年前，我是 Intuit 公司的第一批数据专家之一，当时的工作都是围绕市场营销开展的，主要关于优化营销。我与营销部门领导们接洽，并取得了一些营销优化成绩，这就像是一个进化过程。两年前，我开始瞄准商界领袖，围绕如何去了解在线产品的用户行为、了解用户在哪个节点下线、了解如何利用点击量，之后再去改进产品。比如波特税务软件销售案例。两年以来，我从影响市场营销到影响产品。这成为我们现在巨大的推动力，去创建数据产品、数据驱动产品，充分利用周围这些海量的数据资产。正是因为团队早期项目合作，成员之间建立了信任。

分散式团队的工作设想，是分析专业人士和商界领袖之间建立亲密的伙伴关系。但是集中式团队，尤其需要通过团队前期所获得的成功，建立成员之间的相互信任。

集中式分析团队，更加具有挑战性和复杂性。团队尝试利用数据和分析法，干一番非同凡响的变革事业。因为团队不是业务部门的组成部分，所以集中式团队面临的挑战，就是能否被业务部门所认同，并认可其为真正的“外脑”和战略合作伙伴。世界上不存在完美无瑕的团队结

> 构，集中式和分散式团队结构都存在自身的问题。集中式团队结构中，如果企业顾问或者重要人物涉足业务领域，各种想法会出现在业务部门和部门领导的脑海中。你们不觉得这样做是越权吗？你们了解业务部门真正的想法吗？我们业务部门会提供有价值的东西吗？我们产品经理会拿出至关重要的东西吗？这些东西会影响我们是否拿上年终奖。我们为什么要这样做，我们为什么要冒这个险？我们为什么会服从你们？我们提供这些，首先仅仅是因为你们可以付诸实施吗？还会在生产系统中继续实施吗？这些虽然可以克服，但是关键要在执行分析项目的过程中，一步步建立起分析团队与业务部门之间的相互信任和信心。

正如鲁迈利奥蒂斯所说，不存在完美无瑕的分析团队结构模式。分散式或分布式团队组织结构模型还存在其他一些问题：

> 分散式团队，也同样有其自身的挑战。最大的挑战是团队分析师，他们更乐意从事“经营业务”方面的事情。“业务”的定义，就是集中精力付诸实施，而且我认为具有创新性的业务，将更不同寻常。他们正努力制定下季度目标，因此，据我的经验，分析师的关注点肯定全部围绕着如何实现季度目标。例如，关注“如何调整营销计划”来实现目标？

卓越中心

分析卓越中心（Center of Excellence，COE），是另外一种创建混合式组织结构的方式。有些企业建立卓越中心作为实质性分析团队，或者矩阵型组织结构团队。其他企业，则在卓越中心组建一个永久性的分析专业团队。分析卓越中心通常负责分析业务培训和设立分析评价标准。

团队通常负责为企业员工开发所有培训材料和培训课程。最成功的分析企业，培训每位员工理解分析概念，明白如何利用分析法取得商业价值。培训内容包括员工学习制定分析路径图，设定商业目标，估计分析路径图中每个分析项目的预测值。每位业务人员学习分析路径图后，整个业务团队就会开始明白，在自己的业务领域里，利用分析如何推动更大商业价值实现。了解这些有助于每位成员提出并解决在其业务范围内如何使工作更加完善的问题。之后，企业可以根据实际业务情况，对员工进行具体分析工具和软件的培训。

分析卓越中心设定了分析和评价的标准。当业务部门彼此单独进行分析活动时，就存在一定的风险——它们的报告结果不同或相互矛盾。造成这种情况的原因有两点：其一，复杂的业务概念可能意味着不同业务部门涉及不同的事务；其二，各个部门只对对自身有利的分析结果感兴趣。

电信公司客户变动的分析项目，可以作为测量值变动的第一来源实例。运营部门的客户变动，可能意味着任何结算后的账户。因为每个账户结清都需要部门人员的努力，而且它会影响总成本。然而，对于营销部门，客户变动可能限制在客户所主动结算的账户。因为欠费账户或客户迁出服务区，不能反映行业竞争导致的客户流失。分析卓越中心对各个部门设定相应的标准定义和术语，以避免误解。

"内嵌式"分析师常常被分析项目负责部门看好，迫于组织压力来从事这项工作。如市场营销部门，项目经理可能太过看重"量"，以此来评价员工的努力程度。如看重"出站消息"或"接触人次"，而不够重视有实际效果的指标。此外，项目经理经常将业绩归功于和他们的项目关系不大的指标。例如，广告部经理可能认为，任何销售量的明显增加，都归因于广告投放量的增加。个别项目经理会选择一些能美化他们的项目的指标，这样的话，就很难去比较整个项目的结果，或者不能合理地分配预算。分析卓越中心确立统一的项目指标和部门指标，提倡分析工具和分析方法也要运用这些统一指标。

首席数据官和首席分析官

过去几年中，正如数据科学家角色一样，两个执行角色也应运而生——首席数据执行官和首席分析执行官。人们往往把两个头衔混同，但是他们的目标却大相径庭。

通常，两位执行官可能具有相似的学历背景，却有不同的用武之地。首席数据执行官主要负责数据资产、数据基础设施和数据管理。也就是说，首席数据执行官关注数据资产的搜集和管理。首席分析执行官主要负责利用数据资产，通过应用分析方法，将企业数据资产转化为有形价值。

今天，大多数企业不会奢侈到既设有首席数据执行官，又设有首席分析执行官。然而，随着分析团队不断成长，在企业中更具战略性地位，这些职位就越来越受到重视。这两个执行官角色谙熟数据和分析法，所以他们是企业构建和实施独特分析路线图的关键。

现代分析早期阶段，这两个角色至关重要的作用是，在分析团队内部建立成员间的相互信任，以实现询证决策。鲁迈利奥蒂斯说："首席分析执行官能够构建人际关系和培养分析人才。最有用的事情之一，就是要在团队组织中教育培养一种意识——分析法比战术性工具更重要……这并不像金融或某些部门的运作。它可以成为企业一个真正的战略性杠杆。"

随着现代分析阶段的演进，首席数据执行官将更加关注如何利用数据分析去真正了解企业，这样才能进一步挖掘更多数据，实现企业所想。具有创新精神的企业领导是真英才。他们善于"连接生活中的点"，从企业内部，从企业中感兴趣的人身上，从竞争性的新闻报道中，或者其他所能触及的地方，都能够获得有价值的资料。目前，一些分析机构喜欢利用企业内部数据，另一些机构会从外部购买数据。然而，现代首席数据执行官和首席分析执行官则会思考并合作解决问题。即使不能直接获取数据，他们也要尝试获取新数据解决问题。他们会考虑："根据这些资料，如何得到一个合理的初次估值？和谁建立互惠互利关系，才能够获得需要的资料？""如何开发更全面的模型，能大幅提高企业绩效，打败竞争对手？"执行官们不甘于平庸，他们将不断挖掘数据和分析人才，推动团队和企业组织发展，取得卓越成就。

在 Intuit 集团公司，鲁迈利奥蒂斯接着用分析法思考企业未来的发展：

> 购买数据并无必要，因为我们周围有很多完全开放传输的数据。政府提供了很多此类可以公开使用的暗数据。大多数人甚至不知道，从不介意这到底是什么，如何挖掘利用这些数据并从中获益。我认为，这正是下一代首席数据官要做的——挖掘和有效利用新的数据源。第一代分析执行官教育背景深厚，但我认为，分析执行官更应该像托马斯·爱迪生，像指路的明灯，应当是具备缜密构思能力的人！这就是分析执行官可以提供分析技术，为企业提供帮助的原因所在。他是分析团队能够产生共鸣的核心人物。我的团队成员或者某个外界人士可能会产生疯狂想法：成为首席分析执行官。听起来太刺激了！他们要有足

够的能力，才能够验证这个想法。

实验室团队

实验室团队通常是一个“特殊团队”或创新团队。已建的实验室团队，加速了分析创新和技术雏形的诞生。实验室团队通常规模较小，由专门小组来实验新技术和试用新的、潜在的分析应用软件。一般情况下，由首席数据执行官或首席分析执行官直接创建实验团队。企业接受一项新开发的试验性技术后，该技术就被转到生产分析团队，加以应用和不断改进。

项目分析办公室

项目分析办公室是专注于管理政府项目的机构，负责顺利提交项目预算和时间表。

总结

团队在不断尝试、学习和适应过程中，选择最佳的组织结构，就会获得成效，且得到优化。

第十三章

还等什么？马上行动吧！

运用现代分析方法的正确思路，是先构建独特的分析路径图，然后据此展开分析工作。企业是否必须先制定分析方案，再对各种方案进行优先排序，最后构建分析路径图呢？绝非如此！

创建企业独特的分析路径图，是件轻而易举的事情。企业可以利用现有分析设施设备和工具，通过团队成员合作，轻松获得企业内部能够直观体现商业价值的成果。这样，企业就开启了利用分析法建立商业信誉之路，也将对企业产生深远的商业影响。要确保将这些分析成果嵌入闭合的分析循环过程中，而不能是孤立的，以此谋求企业获得持续进步。

大数据和开源码，促使分析法由卖方市场开始向买方市场转变。市场要求企业和许多渴望成功的企业经营者们，以及他们的分析团队，对分析行业同样能够产生影响。虽然分析工具和设施设备正处在这种转变之中，但是企业也需要改变，才能够从分析活动中获得巨大的、潜在的商业价值。分析法无处不在，它被应用于各行各业。分析法有助于企业获取巨大的商业价值，对企业将产生前所未有的商业影响。未来企业管理者的挑战之一，是能否明确有长远意义的发展途径，将分析方法注入企业，更快地引领企业迈上新台阶。

为了实现这一目标，针对企业发展战略，需要定制独特的分析路径图。企业需要始终明确最终目标，就是推动创造更多的商业价值，产生更大商业影响。分析团队能够识别潜在分析应用法，了解其重要程度，推动企业迈向美好的未来。

企业 IT 团队最理想的情况是，由一位首席分析执行官或数据执行官来组织领导。这位管理者能够胜任企业定制的长期分析路径所涉及的相关工作。将企业现有设施设备作为分析工具箱，有助于企业开创更加美好的未来。工具箱内有许多不同的“锤子”，如果企业做“拆迁工作”，应当用“大锤”；如果企业在完成“木工活”，应当用“镶边锤”和“抛光锤”。也就是说，要恰当使用分析设备和工具。

当企业踏上征途之际，应当投入大量精力进行团队整体培训。如果团队成员清楚地了解企业的战略目标，那么他们需要明白分析将有助于他们高效地实现目标。这样，将有助于形成一种共同语言，这种语言是团队每个成员——无论是一线人员、分析师和数据科学家，还是后勤人员——在讨论分析时都会使用的。这种语言将制度化并形成一种分析文化，致力于基于事实依据的决策；这种文化的渗透，能推动整个企业组织发展，使企业更容易吸引和留住高级分析人才。请牢记，分析是反复试错的过程。乐于尝试是企业创造性思维和创新改革的动力源。要构建开拓新思路、新理念和新途径，吸收借鉴其他行业的分析方法，摒弃旧的观念和思想，不断推陈出新，发现并力图根除制约企业发展的瓶颈。企业可以通过扩大范围，应用分析方法去面对问题，解决议题，抓住机遇，促进企业不断学习，推动企业更上一层楼。五种分析应用程序类型如下：

1. 战略分析
2. 管理分析
3. 操作分析
4. 科学分析
5. 面向客户的分析

构建企业独特的分析路径图，先要遵循前述的这些步骤：

第一步　确定核心商业目标

第二步　定义价值链

第三步　通过头脑风暴分析解决方案的机会

第四步　描述分析解决方案的机会

第五步　创建决策模型

第六步　评估分析解决方案的机会

第七步　建立分析路线图

第八步　升级企业分析路线图

构建分析路径，运用恰当的分析工具，完成恰当的分析任务。设定每个项目目标，不间断地实现或超越目标。目标实现之后，从容淡定地庆祝成功。然后，重新回到起点，学习更多知识和技能，以持续优化分析结论。

图书在版编目（CIP）数据

大数据时代的商业分析/（美）米歇尔·钱伯斯等著；李媛媛译．—北京：中国人民大学出版社，2019.2

书名原文：Modern Analytics Methodologies：Driving Business Value with Analytics

ISBN 978-7-300-26625-1

Ⅰ.①大… Ⅱ.①米… ②李… Ⅲ.①商业信息-数据处理 Ⅳ.①F713.51

中国版本图书馆 CIP 数据核字（2019）第 001053 号

大数据时代的商业分析

[美] 米歇尔·钱伯斯　托马斯·W. 丁斯莫尔　著

李媛媛　译

Dashuju Shidai de Shangye Fenxi

出版发行	中国人民大学出版社		
社　　址	北京中关村大街 31 号	**邮政编码**	100080
电　　话	010－62511242（总编室）		010－62511770（质管部）
	010－82501766（邮购部）		010－62514148（门市部）
	010－62515195（发行公司）		010－62515275（盗版举报）
网　　址	http://www.crup.com.cn		
	http://www.ttrnet.com(人大教研网)		
经　　销	新华书店		
印　　刷	北京联兴盛业印刷股份有限公司		
规　　格	148mm×210mm　32 开本	**版　　次**	2019 年 2 月第 1 版
印　　张	8.375 插页 2	**印　　次**	2021 年 1 月第 2 次印刷
字　　数	154 000	**定　　价**	49.00 元